지혜로운 삶의 교훈
한용운 채근담
2

지혜로운 삶의 교훈
한용운 채근담 2

이병두 풀어씀

참글세상

여러분들의
마음도
편해지기를
기대하며……

　　　　　　　　동서고금의 여러 문명과 종교·사상에서 각기 최고의 지혜가 담긴 책을 자랑합니다. 그 가운데는 성서의 반열에 올라 다른 문명권에서도 널리 읽혀지는 것이 있기도 하지만, 좁은 지역 안에서 적은 숫자의 사람들에게만 읽혀지다가 사라져간 책들도 있습니다.

　유대인들의 지혜서인『탈무드』는 이제 세계 여러 나라 말로 번역되어 여전히 삶의 나침판이 되고 있습니다. 그래서 혹 유대교는 이 세상에서 사라질지 모르지만, 이『탈무드』는 결코 사라지는 일이 없을 것입니다.

　동아시아 여러 나라에서도 불교·유교와 노장의 여러 경전이 주옥같은 지혜의 말씀을 전하고 있고, 이에 대한 해설서가 끝없이 이어져 왔습니다. 아마 우리나라를 포함하여 중국·일본과 베트남 등 동아시아 한자 문화권의 철학과 사상의 역사는 위 세 종교 또는 사상에 대한 주석의 역사일지도 모릅니다.

　요즈음 사람들이 요약본을 좋아하고 학생들이 '요점 정리'라는 이름이

붙은 참고서를 찾듯이, 옛 사람들도 이 방대한 유불도(儒佛道)의 책 가운데서 우리의 삶에 꼭 필요한 지침이 될 만한 구절들을 뽑아놓은 책을 기대했을 것이고, 그래서 그런 기대에 부응하는 책도 여러 권 나왔습니다. 이번에 출간하는 『채근담』은 그 중에서도 최고로 뽑히는 책입니다.

『채근담』은 본래 중국 명(明)나라 말기의 홍응명(洪應明, 字 自誠, 號 還初道人)이 유불도의 정수를 뽑아 엮은 것으로, 제목의 '채근'은 송(宋)나라 왕신민(汪信民)의 『소학(小學)』 "인상능교**채근**즉백사가성(人常能咬**菜根**卽百事可成. 사람이 항상 나무뿌리를 씹을 수 있다면, 다시 말해 일의 근본을 알면 온갖 일을 다 이룰 수 있다.)"이라는 말에서 따온 것으로 알려져 있습니다.

이 책이 우리나라 독자들에게 알려진 것은 1917년에 만해 스님이 『정선강의(精選講議) 채근담』이라는 제목으로 해설서를 출간하면서부터입니다. 당시 이 책의 인기가 높아 초판본을 출간한 후 얼마 되지 않아 재판을 발행하였다고 합니다.

만해 스님의 뒤를 이어 조지훈 선생을 비롯해 여러분들이 이 책을 다시 번역하고 해설을 붙여 세상에 내놓았지만, 거의가 만해 스님께서 해놓으신 작업의 바탕 위에 더하고 빼는 일을 했다고 해도 지나치지 않을 것입니다. 저의 경우에는 만해 스님의 강의를 주춧돌로 하고 조지훈 선생의 해설을 기둥으로 삼았으니, 제가 한 일은 다만 서까래를 얹고 조금 더 예쁘게 지붕을 씌우는 마지막 다듬기 작업에 불과합니다.

여러 선각들이 이미 좋은 번역과 해설을 내놓았는데 여기에 저까지 끼어들게 된 데에는 제 개인의 역사가 관련이 있어서, 그 이유를 말씀드리지 않을 수 없습니다.

지난 2003년 여름부터 2년 동안 어려운 세월을 겪었습니다. 끓어오르는 분노를 이겨내기 어렵고 자칫 잘못하면 큰 사고라도 칠 것 같았습니다. 그래서 '산속에 칩거해 마음을 다스려보자'며 유배를 자청하고 강원도 평창의 폐교(廢校)를 개조한 허름한 절에서 홀로 지내며 하루 세 차례 예불을 드리고 기도를 하며 지냈습니다.

아무리 고요한 산속에서 기도를 한다고 해도 분노의 불을 끄는 일은 정말 어려웠습니다. 잠잠해진 듯하다가도 때때로 느닷없이 찾아드는 분노와 증오의 불길을 걷잡을 수 없었던 적도 자주 있었습니다.

그때 흔들리는 마음을 다스리기 위해 오전에는 불경을 꼼꼼하게 옮겨 적는 사경을 하고 오후에는 영어로 된 불교서적·경전 등을 우리말로 옮기는 일을 하였는데, 2004년에 출간된 『담마난다 스님의 불교이야기』는 그 결과 중 하나입니다.

밤이 되면 다양한 책을 읽었습니다. 산속이라 밤이 깊었고, 그래서 아주 많은 책을 읽는 뜻밖의 소득을 얻을 수 있었습니다. 그때 『채근담』을 두 차례 읽고 난 뒤에, 나름대로 마음 다스리기에 큰 '효험'을 보았습니다. 그래서 다시 차근차근 읽어가며 음미하고 우리말로 옮긴 뒤 제 나름의 생각을 덧붙였던 것이, 여러 해 동안 컴퓨터 속에서 잠을 자고 있다가 이번에 참글세상 이규만 사장의 권유로 세상에 나오게 된 것입니다.

이 책은 제가 어려웠던 시절, 자주 찾아와 예쁜 소리로 지저귀던 이런저런 새들과 절 앞을 흐르던 맑은 계곡물·절 뒤의 울창했던 잣나무 수풀과 함께 혼란스런 마음을 가라앉히고 분노를 잠재워서 그 어려움을 이기고 다시 일어설 수 있게 도와주었던 가장 가까운 벗이자 스승이었습니다.

제1권이 세상에 나올 무렵부터 새로운 일을 시작하게 되었습니다. 세상을 좀 더 넓고 깊게 바라보는 기회가 될 것이라 믿으며, 앞으로도 변함없이 이 '채근담'은 제게 바른길을 안내해주는 길잡이가 될 것입니다.

굳이 특징과 장점을 들 필요도 없을 정도로 이 책은 널리 알려져 있어서 더 이상 설명이 필요 없을 것이라 생각합니다. 독자 여러분들도 이 책을 읽으면서 각자 처한 자리에 따라 각 구절을 받아들이는 마음이 다를 것이고, 그런 점에서 여러분 모두 자신만의 '채근담 이야기'를 쓰실 수 있으리라고 확신하고 또 그렇게 되기를 기대합니다.

 마지막으로 만해 스님의 『정선강의 채근담』 재판 발행을 알리는 광고 글을 인용하여 독자들께 드리는 말씀을 마무리하고자 합니다.

> "정신의 수양과 문학의 향상은 실로 오늘날 우리 조선의 절실한 요구이다. 이 책은 세상에 드문 걸작에다 뛰어난 강의를 덧붙인 것으로, 비록 작은 책자이기는 하지만 반드시 세상 모든 사람의 공감을 불러일으킬 것이다. 독자께서 참으로 우수한 인물이 되기를 원한다면 이 양서(良書)를 읽고 남에게 뒤떨어져서는 안 된다."

저의 해설이 결코 만해 스님의 강의처럼 뛰어나지는 않지만, 혹 여러분의 마음을 다스리고 삶이 편안해지며 세상을 맑고 향기롭게 가꾸어가는 데에 조금이라도 도움이 되었으면 좋겠습니다.

 감사합니다.

2011년 4월
이병두

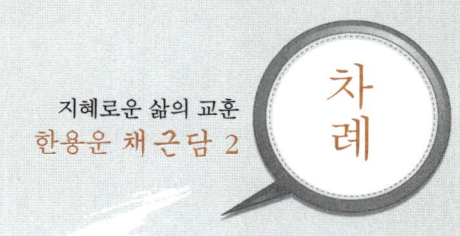

지혜로운 삶의 교훈
한용운 채근담 2

차례

여러분들의 마음도 편해지기를 기대하며…… · 4

전집

1. 많이 배우기 · 14
2. 사람답게 살기 · 16
3. 좋은 환경으로 바꾸기 · 18
4. 슬픔을 극복하기 · 20
5. 담백한 생활하기 · 22
6. 포기하지 않기 · 24
7. 작은 것을 탐하지 않기 · 26
8. 지식을 나누어 주기 · 28
9. 필요한 인물 되기 · 30
10. 적당한 벌을 주는 지혜 · 32
11. 조화로운 삶 · 34
12. 겸손한 마음 갖기 · 36
13. 효율적인 일처리 · 38
14. 욕심에서 벗어나기 · 40
15. 솔직하게 살기 · 42
16. 편견을 갖지 않기 · 44
17. 마음을 다스리기 · 46
18. 올바른 자녀 수양 · 48
19. 겸손으로 얻는 이익 · 50
20. 인생의 참맛 · 52
21. 아름다운 하루의 마무리 · 54
22. 건강한 양심 · 56
23. 행복을 느낄 수 있는 여유 · 58
24. 상황에 맞추어 살기 · 60
25. 자기 나름의 기준 갖기 · 62
26. 올바른 마음자세 · 64
27. 진정한 지식 갖기 · 66
28. 올바른 배움의 자세 · 68

29. 깨끗한 마음 갖기 · 70
30. 재주를 함부로 뽐내지 않기 · 72
31. 밝은 마음 유지하기 · 74
32. 올바른 선행 · 76
33. 복 받을 마음그릇 · 78
34. 좋은 사람들을 주위에 두기 · 80
35. 좋은 생각으로 채우기 · 82
36. 다른 사람을 포용하기 · 84
37. 복을 만드는 마음 · 86
38. 과거에 매이지 않기 · 88
39. 안에서 나오는 좋은 인품 · 90
40. 삶을 지배하는 생각의 힘 · 92
41. 반대급부를 바라지 않는 진정한 자선 · 94
42. 사람에 대한 바른 평가 · 96
43. 가까운 관계 잘 유지하기 · 98
44. 가치 있는 고생 · 100
45. 어려운 환경 극복하기 · 102
46. 유혹을 이길 수 있는 용기 · 104
47. 남모르게 베푸는 은혜 · 106
48. 젊었을 때 지켜야 할 건강 · 108
49. 공평한 마음자세 · 110
50. 사소한 것도 중요하게 여기기 · 112
51. 어려운 사람 돕기 · 114
52. 평범한 삶의 현장에 있는 진리 · 116
53. 남을 깎아내리지 않기 · 118

54. 음흉한 사람에게 피해를 입지 않기 · 120
55. 자기 마음을 다스리기 · 122
56. 시련을 성공의 도구로 삼기 · 124
57. 자기 소신을 갖기 · 126
58. 사람에게 상처 주지 않기 · 128
59. 은혜와 원한을 잘 조절하기 · 130
60. 음양의 원리 · 132
61. 병든 마음 치료하기 · 134
62. 시행착오를 되풀이 하지 않기 · 136
63. 자신의 머리를 과신하지 않기 · 138
64. 본래의 마음 찾기 · 140
65. 소중한 선택 · 142
66. 덕이 있는 가정 · 144
67. 욕심의 한계를 정하기 · 146
68. 좋은 우정 유지하기 · 148
69. 연습 없는 인생 · 150
70. 약한 사람을 존중하기 · 152
71. 사람의 성격에 따라 대하는 요령 · 154
72. 물력을 남용하지 않기 · 156
73. 좋은 생각을 마음에 채우기 · 158
74. 뒤에서 습격하는 적을 경계하기 · 160
75. 근면한 삶을 살기 · 162
76. 검소함의 미덕 · 164
77. 자기 감정에 치우치지 않기 · 166
78. 매사에 여유롭게 대처하기 · 168

79. 마음의 두려움을 없애기 · 170
80. 위선적인 마음 버리기 · 172
81. 들뜬 마음일수록 조심하기 · 174
82. 할 말과 하지 말아야 할 말 · 176

후집

83. 마음에서 우러나오는 아름다움 · 180
84. 깨달음을 얻는 마음자세 · 182
85. 자연에서 듣는 지혜의 소리 · 184
86. 긍정적인 마음 갖기 · 186
87. 세상을 아름답게 보는 마음의 눈 · 188
88. 자연을 마음에 품기 · 190
89. 스스로 흘린 땀의 힘으로 살기 · 192
90. 가난에서 벗어날 수 있다는 희망 · 194
91. 깊이 흐르는 물소리 · 196
92. 세속에 물들지 않는 마음 · 198
93. 보통사람의 행복 · 200
94. 소박한 생활에서 얻는 행복 · 202
95. 처음 순간을 떠올리기 · 204
96. 인생이란 장거리 경주 · 206
97. 물질에 집착하지 않는 마음 · 208
98. 끝까지 포기하지 않는 의지 · 210
99. 적당한 삶과 휴식 · 212
100. 능력만큼만 가지려는 소박한 욕심 · 214
101. 시간의 주인 되기 · 216
102. 좋은 자극 받기 · 218
103. 필요 이상의 욕심을 갖지 않기 · 220
104. 항상 배우는 마음의 자세 · 222
105. 나누며 사는 지혜 · 224
106. 사유하는 존재 · 226
107. 세상을 살리는 마음 · 228
108. 인생의 담백한 맛 · 230
109. 전진할 때와 물러날 때 · 232
110. 평상심 유지하기 · 234
111. 세상의 주인 · 236
112. 진리를 깨닫는 아름다운 마음 · 238
113. 평정심으로 세상 보기 · 240
114. 우리의 참모습 찾기 · 242
115. 자기 중심을 잡고 살기 · 244
116. 유유자적하는 사람 · 246
117. 자연을 닮는 사람의 마음 · 248
118. 자연을 찾는 마음 · 250
119. 절제하는 마음 · 252
120. 마음 다스리기 · 254

전집

1 많이 배우기

涉世淺 點染亦淺
섭 세 천 점 염 역 천

세상을 얕게 살면 물드는 것 또한 얕고,

歷事深 機械亦深
역 사 심 기 계 역 심

세상일에 깊이 빠지면 계략 또한 깊어진다.

故君子與其練達
고 군 자 여 기 연 달

그러니 군자는 세상일에 통달하기보다는

不若朴魯
불 약 박 로

꾸밈없고 둔한 편이 낫고,

與其曲謹 不若疎狂
여 기 곡 근 불 약 소 광

치밀하기보다는 서툰 편이 낫다.

세상은 자신이 아는 만큼만 보인다. 많이 알면 많이 보이고, 조금 알면 조금 보인다. 많이 보면 세상 살기는 더 복잡해지고 괴로운 일도 많아지게 마련이다. 단순하고 무지하게 사는 것이 세상을 행복하게 사는 일이기도 하다.

그럼에도 불구하고 사람들이 더 많이 알려고 애쓰는 것은 세상에서의 명예와 물욕 때문이다. 행복하게 살려면 세상을 깊이 살기 보다는 단순하게 살아야 한다. 명예나 권력을 얻으려면 좀 더 많이 배우기 위해 노력해야 한다. 어느 쪽을 선택하든 최종의 목표는 행복일진대 사람들은 한 쪽이 길면 한 쪽은 짧아진다는 것을 간과한다.

2 사람답게 살기

君子之心事 天青日白
군 자 지 심 사 천 청 일 백

군자는 마음을 푸른 하늘과 빛나는 해같이 하여

不可使人不知
불 가 사 인 부 지

다른 사람이 모르게 하면 안 되지만,

君子之才華 玉韞珠藏
군 자 지 재 화 옥 온 주 장

자신의 뛰어난 재주는 옥과 구슬을 감추는 것처럼 하여

不可使人易知
불 가 사 인 이 지

다른 사람이 쉽게 알지 못하게 해야 한다.

사람이 사람답게 사는 일은 최소한 남에게 피해를 주지 않고 사는 일이다. 남의 눈에 거슬려서 함께 있는 것을 불편하게 생각한다면 이미 그에게 피해를 주는 것이다. 누가 보더라도 온화한 마음을 가짐으로써 상대를 기쁘게 하는 것이 사람답게 사는 일이다.

　사람은 누구나 오만한 사람을 좋아하지 않는다. 비록 자신은 오만할지라도 남이 오만한 꼴은 보기 싫어한다. 그러므로 재주가 있을수록 그 재주를 쉽게 드러내지 않도록 해야 한다. 특히 그 재주를 가지고 우쭐하지 말아야 한다. 사람다운 대접을 받으려면 늘 겸손하고 온화한 표정으로 사람을 대해야 한다.

3 좋은 환경으로 바꾸기

勢利紛華 不近者爲潔
세 리 분 화 불 근 자 위 결

近之而不染者 爲尤潔
근 지 이 불 염 자 위 우 결

智械機巧 不知者爲高
지 계 기 교 부 지 자 위 고

知之而不用者 爲尤高
지 지 이 불 용 자 위 우 고

권세와 명리 그리고 화려한 사치를
가까이하지 않는 사람은 깨끗하며,

이것들을 가까이하면서도 물들지 않는
사람은 더욱 깨끗하다.

지혜롭고 권모술수를 모르는
사람은 고상하고,

이것을 알면서도 행하지 않는
사람은 더욱 고상하다.

맹자의 어머니가 아들을 위해 이사를 다닌 까닭은, 사람은 누구나 그 주변 환경에 동화되기 쉽다는 사실을 알았기 때문이다. 사람은 자신이 접하고 있는 세계에 물들며 살아가는 나약한 존재다. 권세가 있는 자리에 가면 권세를 탐하게 되고, 허욕이 들끓는 친구들 사이에 끼면 그 또한 허욕에 물든다. 그러한 유혹이 만연한 곳에서도 본래의 자신을 지키고 유지할 수 있다면, 그는 참으로 용기 있고 훌륭한 사람이다.

  깨끗한 환경이라면 웬만한 사람도 깨끗하게 살 수 있다. 하지만 고결한 사람들도 추한 환경에 처하면 추하게 변하기 쉽다. 그런 추한 환경에서도 깨끗함을 유지할 수 있는 사람이 있다면, 그는 참으로 군자라 할 것이다.

4 슬픔을 극복하기

疾風怒雨 禽鳥戚戚　　거친 바람과 비에 나는 새들도 슬퍼하고,
질 풍 노 우　금 조 척 척

霽日光風 草木欣欣　　쾌청한 날의 맑은 바람엔 초목도 기뻐한다.
제 일 광 풍　초 목 흔 흔

可見天地不可一日無和氣　천지에 하루라도 따뜻함이 없으면 안 되고,
가 견 천 지 불 가 일 일 무 화 기

人心不可一日無喜神　사람의 마음에 하루라도 기쁨이 없어서는
인 심 불 가 일 일 무 희 신　안 된다.

세상에 밤이 있는 것은 어둠을 통해 밝음을 알라는 의미이다. 어둠이 없다면 밝음 또한 없으며, 밝음이 없다면 어둠 또한 있을 수 없다. 슬픔이 없으면 우리는 기쁨 또한 알지 못한다. 슬픔은 기쁨을 더욱 빛나게 만들고, 기쁨은 또한 슬픔을 더욱 진하게 만든다.

늘 슬픔만 있고, 기쁨이 들어갈 기미가 전혀 없다면 우리는 이 세상을 살아갈 수 없다. 거친 바람과 비만 내린다면 산천초목은 살아남지 못한다. 맑은 날도 있어야 산천초목이 살아갈 수 있듯이 우리도 슬픈 날과 함께 기쁜 날이 주어지지 않으면 살아갈 수 없다.

5 담백한 생활하기

醲肥辛甘非眞味
농 비 신 감 비 진 미

맛좋은 술과 기름진 고기, 맵고 단맛은 참맛이 아니며,

眞味只是淡
진 미 지 시 담

진실한 맛은 다만 담백하다.

神奇卓異非至人
신 기 탁 이 비 지 인

신기한 재주로 뛰어난 행동을 하는 사람이 높은 인격을 갖춘 것이 아니며,

至人只是常
지 인 지 시 상

인격이 높은 사람은 다만 사람의 도를 행하는 사람이다.

우리가 흔히 맛있다고 하는 것은 진정한 맛이 아니다. 우리는 그 맛을 흔히 즐기지만 다른 맛없이 그것만으로 평생을 살 수는 없다. 아무런 맛이 없다고 생각하는 물은 평생 마셔도 질리지 않는다. 아무 맛도 없는 것 같지만 진정한 맛이 있는 것이다. 아름다운 꽃향기는 우리에게 기쁨을 주지만 평생 그 향기가 우리를 감돈다면 향기는 견딜 수 없는 독이 되는 것이다. 하지만 공기에는 향이 없어도 우리에게 평생 질리지 않는 꼭 필요한 것이다.

  진정한 인간은 자신의 담백함을 유지하는 요란하지 않은 삶을 사는 사람이다. 있는 듯 없는 듯하여 존재감이 없는 것 같지만, 막상 그가 없는 세상은 너무도 공허함을 느끼게 만드는 조용한 사람이 품격 있는 사람이다.

6 포기하지 않기

恩裡由來生害
은 리 유 래 생 해

은혜 속에서 본래 해가 생기니

故快意時須早回頭
고 쾌 의 시 수 조 회 두

좋은 때에 머리를 돌려 돌아보라.

敗後或反成功
패 후 혹 반 성 공

실패한 후에 도리어 성공하니

故拂心處莫便放手
고 불 심 처 막 변 방 수

일이 어긋났다고 도중에 포기하지 말라.

"잘가노라 닷디 말며 못가노라 쉬디 말라. 부디 긋디 말고 촌음을 앗겨 스라. 가다가 중디곳 하면 아니 감만 못하니라."는 시조가 있다.

성공과 실패에 일희일비할 것이 아니라 꾸준히 자기의 길로 나아갈 줄 알아야 한다. 매사가 잘 되어 하늘이 자신을 돕는 것 같아 기쁨에 들뜰 때 뒤통수 맞는 것처럼 일이 엉키는 경우가 있다. 그것처럼 사람을 절망에 빠뜨리게 하는 일도 없다.

반면 될 일도 안 되고 계속 꼬이는 경우가 있다. 그때는 매사가 귀찮아지고 용기가 없어진다. 잘 되던 일도 안 되는 때가 있는 것처럼, 지독하게 안 되던 일도 잘 풀리는 때가 있다. 인생에 있어서 후회하지 않고 살려면 결과가 어떻게 되든 끝까지 포기하지 않고 살아야 한다. 행운 속에서 겸손해야 하며, 실패 속에서 다시 일어설 수 있는 용기를 가지고 포기를 부끄러워할 줄 안다면 그는 훌륭한 사람이다.

7 작은 것을 탐하지 않기

處世讓一步爲高
처 세 양 일 보 위 고

세상을 살아갈 때에 한 발 양보함을 높게 여겨

退步卽進步的張本
퇴 보 즉 진 보 적 장 본

한 걸음 물러나는 것은 앞으로 나가는 토대가 된다.

待人寬一分是福
대 인 관 일 분 시 복

남을 대함에는 조금 관대함이 복이 되고

利人實利己的根基
이 인 실 리 기 적 근 기

남을 이롭게 하는 것은 자기 이익의 토대가 된다.

'소탐대실(小貪大失)', 작은 것을 탐하다가 큰 손실을 얻는다는 말은 진리와 같지만 일단 사람은 작은 욕심에 익숙해 있다. 그러다 보니 물욕으로 작은 것을 얻으려다 물질은 물론 사람까지 잃는 어리석은 사람들이 많다.

비록 손해인 듯해도 조금씩 양보하며 살면 그는 물질도 얻고 사람도 얻을 수 있다. 이러한 호인에게는 사람이 따른다. 사람이 따르면 정보가 생길 수 있고, 정보는 재산이 될 수 있다. 돈을 우선으로 여기는 사람은 당장은 돈을 얻을 수 있지만 지나치면 돈도 잃고 사람까지 잃는다. 반면 사람을 우선으로 여기는 사람은 사람에 대해 예의를 지킬 줄 안다. 그것은 더딘 것 같지만 조금 손해 보는 듯 사는 사람이 복을 받기 마련이다.

8 지식을 나누어 주기

完名美節 不宜獨任
완 명 미 절 불 의 독 임

完全한 이름과 아름다운 절개는
혼자만 갖지 말고

分些與人 可以遠害全身
분 사 여 인 가 이 원 해 전 신

조금은 남에게 베풀어 해를 멀리하고
몸을 보전하는 것이 옳은 일이다.

辱行汚名 不宜全推
욕 행 오 명 불 의 전 추

수치스런 행동과 더러운 이름은 남에게만
맡기지 말고

引些歸己 可以韜光養德
인 사 귀 기 가 이 도 광 양 덕

조금은 내게 돌려 끌어와서 빛을 숨기고
덕을 기르는 것이 옳은 일이다.

'비결' 이란 말은 혼자만 감춰 두고 쓰는 썩 좋은 방법이다. 비결은 어떻게 보면 이기적인 것으로 개인의 명예와 권력, 부를 갖는데 유용할 수 있다. 하지만 비결을 혼자만 갖고 있다가 누군가에게 전수하지 않으면 그대로 소멸한다.

인간의 삶이 보다 가치가 있으려면 공동체적 삶을 지향해야 한다. 그것은 좋은 것을 함께 나누는 일이며, 공유하는 일이다. 인간이 여타의 동물보다 위대한 것은 남을 웃게 하고 행복하게도 하며, 남의 아픈 일에 함께 아파하고 울어줄 수 있는 마음이 있기 때문이다.

필요한 인물 되기

家庭有個眞佛
가 정 유 개 진 불

집 안에 진짜 부처가 있으니

日用有種眞道
일 용 유 종 진 도

일상의 일에 진짜 도가 있다.

人能誠心和氣
인 능 성 심 화 기

사람이 성실하고 따뜻한 마음으로

愉色婉言
유 색 완 언

즐거운 얼굴빛과 부드러운 말로

使父母兄弟間 形骸兩釋
사 부 모 형 제 간 형 해 양 석

부모 형제간에 한 몸이 되어

意氣交流
의 기 교 류

마음과 뜻이 통할 수 있다면

勝於調息觀心萬培矣
승 어 조 식 관 심 만 배 의

숨을 고르고 마음을 관조하는 것보다
만 배나 나은 일이다.

세상에 실재하는 그 무엇이든 구심점이 없지 않다. 비록 작은 단위의 가정이라 할지라도 구심점이 있어야 유지된다. 가정에도 기둥이 있고, 어느 단체에도 기둥이 있게 마련이다. 단 한 사람이라도 올바른 생각과 행동을 가져야만 공동체는 유지된다.

불화를 잠재우는 사람이 있기에 가정이 유지될 수 있다. 불화가 일어난다고 같이 휩싸이면 그 가정은 유지될 수 없다. 이는 어느 단체건 마찬가지다. 가정이든, 단체든, 사회든, 공동체가 유지되는 것은 적어도 조용히 구심점 역할을 하는 사람이 한 사람은 있기 때문이다.

분란을 조장하고 규율만 강요하는 법령이나 종교보다 진정한 도가 있다면, 자신이 속한 공동체를 화평케 하는 역할이다. 가정보다 사회보다 종교보다 아름다울 수 있고 위대할 수 있는 것이 있다면, 그것은 사람다운 사람이다.

10 적당한 벌을 주는 지혜

攻人之惡 毋太嚴
공 인 지 악 무 태 엄

사람의 잘못을 야단칠 때는
너무 심하게 하지 말고

要思其堪受
요 사 기 감 수

그가 감당할만한지를 생각해야 한다.

教人以善 毋過高
교 인 이 선 무 과 고

사람을 선으로써 가르치되 지나치게
고상하게 하지 말고

當使基可從
당 사 기 가 종

그 사람이 따르도록 해야 마땅하다.

사람은 감정의 동물이다. 감정에 따라 활기찬 삶이 되기도 하고, 침체된 삶이 되기도 한다. 삶을 지배하는 것은 사람의 감정이다. 그릇된 길을 가는 사람을 바로 잡기 위해서는 어느 정도의 규율과 벌이 필요하다. 하지만 같은 벌이라도 받는 사람의 감정에 따라 달라진다. 받아들이는 그릇이 각기 다르기 때문이다. 이런 것을 간과하고 지나친 벌을 내리면 그 사람은 자칫 제대로 서지 못하고 의도와는 달리 오히려 좌절하거나 반감을 가짐으로써 해를 끼칠 수도 있다. 그러므로 벌도 그 사람의 수준에 맞게 내릴 줄 알아야 한다. 적당한 벌은 그 사람에게 득이 되지만 지나친 벌은 그 사람이나 주위에도 해가 될 수 있다. 벌은 필요악의 범위 내에 있어야 의미가 있다.

11 조화로운 삶

糞蟲至穢
분 충 지 예

굼벵이는 몹시 더러운 흙에 살지만

變爲蟬而飮露於秋風
변 위 선 이 음 로 어 추 풍

매미로 변하여 가을바람에 맑은 이슬을 마시고,

腐草無光
부 초 무 광

썩은 풀에는 빛이 없지만

化爲螢而耀采於夏月
화 위 형 이 요 채 어 하 월

반디로 변하여 여름 달밤에 아름다운 빛을 낸다.

固知潔常自汚出
고 지 결 상 자 오 출

진실로 알아야 할 것은, 깨끗한 것은 항상 더러움에서 생겨나고

明每從晦生也
명 매 종 회 생 야

밝은 것은 어둠에서 생겨난다는 것이다.

조화란 좋은 것끼리 모여서 잘 사는 것을 의미하는 것이 아니라 좋은 것과 나쁜 것, 악한 것과 선한 것, 추한 것과 아름다운 것이 어울리는 것을 말한다. 이렇게 대립을 이루는 것들은 절대적이 아니라 상대적인 경우가 많다. 상황에 따라 이들의 관계는 얼마든지 역전이 가능하다. 여기서 추한 것이 저기서는 아름다운 것이 될 수 있고, 여기서는 악이지만 저기서는 선이 될 수도 있다.

　그러므로 섣불리 상대를 평가해선 안 된다. 이 세상에 절대적인 기준이란 없다. 징그러운 굼벵이가 매미가 되어 아름다운 노래를 부르는 것이나, 거름 속에서 깨끗하고 푸른 식물이 잘 자라나는 것처럼 세상에 존재하는 것들은 모두 가치 있는 존재들이다. 오만은 미움을 받고, 겸손은 칭송을 듣는다.

12 겸손한 마음 갖기

矜高倨傲 無非客氣
긍 고 거 오 무 비 객 기

降伏得客氣下而後正氣伸
항 복 득 객 기 하 이 후 정 기 신

情欲意識 盡屬妄心
정 욕 의 식 진 속 망 심

消殺得妄心盡而後眞心現
소 쇄 득 망 심 진 이 후 진 심 현

잘난 체하며 오만한 것에 객기 아닌 것이 없으니

이 객기를 굴복시킨 후에야 바른 기운을 펼칠 수 있다.

정욕과 의식은 모두 허망한 마음이니

이 헛된 마음을 모두 없앤 후에야 진실한 마음이 나타난다.

하늘 아래 새로운 것은 없으며, 하늘보다 높은 것은 없다. 아무리 똑똑한 사람이라도 그보다 똑똑한 사람이 있게 마련이다. 아무리 힘이 센 사람이라도 어디엔가 그 보다 더 힘센 사람이 있다. 아무리 빠른 사람이라도 그보다 빠른 짐승이 얼마든지 있으며, 아무리 키가 커도 그 보다 큰 존재는 얼마든지 있다. 잘난 체하는 일은 한낱 객기에 불과하다. 오만한 마음을 갖는 순간 더 이상 발전할 수 없다. 항상 자신의 부족함을 찾아내어 겸손한 마음으로 노력하는 사람이라야 발전을 거듭할 수 있다.

13 효율적인 일처리

憂勤是美德
우 근 시 미 덕

太苦則無以適性怡情
태 고 즉 무 이 적 성 이 정

澹泊是高風
담 박 시 고 풍

太枯則無以濟人利物
태 고 즉 무 이 제 인 리 물

걱정하며 부지런히 일하는 것은
아름다운 덕이지만

지나치도록 힘들게 하면 본성에 따라
마음을 즐겁게 할 수 없고,

담박한 것은 높은 기개이나

지나치게 깨끗하면 사람을 구제하지
못하고 사물을 이롭게 하지 못한다.

물질문명, 기계문명의 발달과 함께 사람들의 삶의 방식도 많이 달라졌다. 농경사회에서 가장 중요한 덕은 근면이라고 할 수 있다. 부지런한 사람이 농경사회에서 유리했다. 하지만 현대에는 부지런함만으로 남을 앞설 수는 없다. 남보다 지혜롭게 살아야 앞설 수 있는 것이다.

　일의 양이나 일에 투자하는 시간의 양이 중요한 것이 아니라 얼마나 일을 효율적으로 하느냐가 중요하다. 일을 효율적으로 하고, 어느 정도의 여유를 가지고 이것을 즐길 수 있어야 삶이 윤택해진다. 또한 지나치게 원칙을 고수하다 보면 이성적으로만 세상을 보게 되어 인정이 메말라질 수 있으므로 융통성 있는 삶이 필요하다.

14 욕심에서 벗어나기

放得功名富貴之心下　　부귀와 공명에 대한 마음을 버려야
방 득 공 명 부 귀 지 심 하

便可脫凡　　　　　　　비로소 범속에서 벗어날 수 있고,
변 가 탈 범

放得道德仁義之心下　　도덕과 인의에 대한 마음을 모두 버려야
방 득 도 덕 인 의 지 심 하

纔可入聖　　　　　　　비로소 성인의 경지에 들어갈 수 있다.
재 가 입 성

이 세상에는 우리를 유혹하는 것들이 많다. 그 중에서도 부와 명예에 대한 유혹은 어느 유혹보다 강하다. 부를 싫어하고, 명예를 싫어하는 사람이 얼마나 되겠는가. 그런데 부와 명예는 중독성이 강한 데다 그 끝을 알 수 없다. 누리면 누릴수록 더 갈급해지는 것이 부와 명예이다. 부와 명예의 달콤함에 빠져들면 헤어나기 힘들다.

애초에 지나친 욕심을 갖지 말아야 하지만, 이미 그러한 욕심에 빠져 있다면 거기에서 빠져나올 수 있는 용기를 가져야 한다. 가지고 있는 부와 명예를 버리는 데에는 큰 용기가 필요하다. 그렇지 않고 욕심에 빠져 있다 보면 평생을 근심과 고뇌 속에 보내다 끝나기 쉽다. 그 속에 머물러 있는 한 평생을 욕심으로 불안과 초조 속에 살다가 생을 마감하기 쉬우므로 버릴 줄 아는 지혜를 가져야 한다.

15 솔직하게 살기

利欲未盡害心
이 욕 미 진 해 심

이익을 바라는 것이 모두 마음을 해치는 것이 아니라

意見乃害心之蟊賊
의 견 내 해 심 지 모 적

아견이 마음을 해치는 벌레이고,

聲色未必障道
성 색 미 필 장 도

소리와 색깔이 반드시 도를 막는 것이 아니라

聰明乃障道之藩屛
총 명 내 장 도 지 번 병

총명함이 바로 도를 막는 장벽이다.

자신에게 이익이 되는 일을 마다할 사람은 없다. 이익을 취하려는 마음이 나쁜 것은 아니다. 그것은 우리 삶의 본질이기 때문이다. 오히려 그런 마음이 없는 것처럼 억지로 자기를 억제하려 하다 보니 자기를 포장할 마음이 생기는 것이다. 이익을 취하고 싶은 마음을 부끄러워할 것이 아니라 솔직하게 마음이 흐르는 대로 드러내는 것이 순수를 지켜 나가는 일이 될 수 있다. 지나치게 고결하게 살려는 생각이 자신을 위선자로 만들 수 있다.

　인간을 이롭게 하는 도라는 것도 모든 것을 절제하고 깨끗하게 살라는 것이 아니다. 도를 지나치게 고귀한 것으로 생각하는 총명함이 자기를 속이게 만든다. 자연스럽게 자신의 마음을 남에게 보여줄 수 있는 솔직함이 인간으로써 바람직한 덕이다. 사람들은 아주 고결한 이웃보다는 부담 없는 이웃을 더 좋아한다.

16 편견을 갖지 않기

待小人不難於嚴
대 소 인 불 난 어 엄

而難於不惡
이 난 어 불 오

待君子不難於恭
대 군 자 불 난 어 공

而難於有禮
이 난 어 유 례

소인을 대할 때에는 엄하게 대하는 것이
어려운 것이 아니라

미워하지 않는 것이 어렵고,

군자를 대할 때에는 공손하기가
어려운 것이 아니라

예절을 잃지 않는 것이 어렵다.

사람을 보는 눈은 내 눈이지만 실상 그 사람을 보는 것은 마음이다. 하는 짓마다 미워 보이는 사람을 대할 때, 그를 미워하지 않기란 참으로 어렵다. 엄하게 대하는 것이야 표정을 바꾸면 되지만 마음의 눈을 바꾸는 것은 여간 어려운 것이 아니다. 밉게 보이는 것, 곱게 보이는 것은 마음이 하는 일이니 마음을 다스릴 수 있어야 편견 없이 상대를 볼 수 있다.

또한 신중한 사람을 대하면 당연히 그를 어렵게 대하여 거리감을 두게 된다. 하지만 지나친 거리감은 그와 자신 사이를 어렵게 만들 수밖에 없다. 소인을 대하든 대인을 대하든 한 인간으로 볼 수 있어야 성숙한 삶이라고 할 수 있다.

17 마음을 다스리기

降魔者先降自心
항 마 자 선 항 자 심

악귀를 굴복시키려면 먼저 자신의 마음을
굴복시켜야 하기 때문에

心伏則群魔退廳
심 복 즉 군 마 퇴 청

마음을 굴복시키면 모든 악귀들은
스스로 물러난다.

馭橫者先馭此氣
어 횡 자 선 어 차 기

횡포함을 다스리려면 먼저 자신의 기운을
다스려야 하기 때문에

氣平則外橫不侵
기 평 즉 외 횡 불 침

자신의 기운을 바로 잡으면 외부의 횡포는
침입하지 못한다.

두려움이나 무서움은 외부에서 오는 것이 아니라 자신의 내부에 있다. 같은 것을 보고도 어떤 이는 두려워하고, 어떤 이는 전혀 개의치 않는다. 두려움이란 마음이 허함에서 오는 것으로 극복하면 된다. 똑같은 길을 걸어도 밤에는 두려운 길이나, 낮에는 전혀 두렵지 않다. 길이 달라진 것이 아니며, 그 길에 있는 그 무엇이 달라진 것도 아니다. 단지 마음의 상태가 달라졌을 뿐이다.

　자신의 마음을 다잡아 잘 다스릴 수만 있다면 이 세상에 두려운 일이나 어려울 일이 없다. 적은 외부에서 오는 것 같지만 실상은 내부에서 생긴다. 상대를 친구로 여기는 것도 자신의 마음먹기에 달렸고, 적으로 대하는 것도 자기 마음에 달렸다. 마음만 잘 다스리면 무엇이든 어려울 일이 없다.

18 올바른 자녀 수양

敎弟子如養閨女
교 제 자 여 양 규 녀

자녀를 가르치는 것은 규중의 처녀를 기르는 것과 같으니

最要嚴出入謹交遊
최 요 엄 출 입 근 교 유

가장 먼저 출입을 엄히 하고 친구 사귀는 것을 경계해야 한다.

若一接近匪人
약 일 접 근 비 인

만일 한 번 나쁜 사람과 접하게 되면

是淸淨田中下一不淨種子
시 청 정 전 중 하 일 부 정 종 자

이것은 깨끗한 밭에 나쁜 씨앗을 뿌린 것과 같아서

便終身難植嘉禾矣
변 종 신 난 식 가 화 의

평생 좋은 곡식을 심기가 어렵다.

자녀를 가르칠 때는 매우 신중해야 한다. 드나드는 것을 엄하게 하고, 친구도 가려 사귀도록 해야 한다. 어릴 때에는 친구로부터 쉽게 영향을 받기 때문이다.

자녀는 세상이란 밭에 심은 곡식과 같아서, 곡식이 있는 곳에 잡초가 있으면 곡식이 잘 크지 못한다. 부모는 자녀의 주변을 잘 살펴주고, 자녀가 잡초가 되어 다른 자녀를 망치게 하는 일이 없도록 세심한 주의를 기울여야 한다.

# 겸손으로 얻는 이익

彼富我仁
피 부 아 인

상대가 재물을 내세우면
나는 어진 마음으로 대하고,

彼爵我義
피 작 아 의

상대가 벼슬을 내세우면
나는 옳은 정신으로 대한다.

君子固不爲君相所牢籠
군 자 고 불 위 군 상 소 뇌 롱

그러므로 군자는 군주와 재상에게
구속받거나 농락당하지 않는다.

人定勝天
인 정 승 천

사람이 힘을 모으면
하늘을 이길 수 있고,

志一動氣
지 일 동 기

뜻을 하나로 모으면
기를 움직일 수 있으니

君子亦不受造物之陶鑄
군 자 역 불 수 조 물 지 도 주

군자는 조물주가 마음대로 빚은 틀 속에
갇히지 않는다.

사람을 대함에 있어서 무시하는 것처럼 어리석고 나쁜 일도 없다. 아무리 보잘 것 없어 보이는 사람이라도 내가 갖지 못한 것을 가지고 있다. 똑똑하다는 평가는 어느 한 분야에 있어서 그렇다는 의미이지 전체가 그렇다는 것이 아니다. 여기서는 똑똑하지만 저기에 가면 문외한일 수 있다. 그럼에도 하나에 성공을 이루면 전체가 성공한 것처럼 오만해지는 사람이 있다. 오만은 점차 자신을 작게 만든다.

반면 상대의 장점을 인정하고 자신의 장점을 전부가 아닌 것처럼 여기는 겸손을 갖는다면 그는 점차 큰 사람이 된다. 자신의 부족함을 알 때 거기에 절망하지 않고 부족함을 채우려는 노력이 발전을 가져온다. 노력하지 않고 얻어지는 것은 한 조각의 구름과 같다.

20 인생의 참맛

人人有個大慈悲 사람마다 큰 자비심이 있으니
인 인 유 개 대 자 비

維摩屠劊無二心也 유마와 도회가 두 마음이 아니고,
유 마 도 회 무 인 심 야

處處有種眞趣味 어느 곳에나 참된 즐거움이 있으니
처 처 유 종 진 취 미

金屋茅簷非兩地也 좋은 집과 초가집이 다르지 않다.
금 옥 모 첨 비 양 지 야

只是欲蔽情封 다만 욕심에 덮이고 정에 가려져
지 시 욕 폐 정 봉

當面錯過 눈앞에 한 번 실수를 저지르면
당 면 착 과

使咫尺千里矣 이것이 바로 지척을 천리가 되게 하는 것이다.
사 지 척 천 리 의

사람의 본심은 원래 착한 것이다. 유마거사와 천한 백정인 도회가 본시 마음이 달라서 다른 사람이 아니다. 위험에 처한 사람을 보면 천한 사람이건 귀한 사람이건 도와주려는 마음이 생긴다. 또한 호화로운 집이나 초라한 집이나 다르지 않다. 누구에게나, 어느 곳에나 참된 즐거움은 있다. 다만 욕심과 정에 이끌려 저지른 한 번의 실수로 인해 참된 즐거움은 멀어진다.

　인생의 참맛을 느끼며 사는 것은 오로지 마음에 달려있다. 작은 잘못 정도라고 생각하고 행한 일이 긴 인생을 불행에 빠뜨리게 한다. 누구든 선한 마음으로 인생의 참맛을 느끼며 산다면 후회 없는 복된 인생이 될 것이다.

21 아름다운 하루의 마무리

吉人無論作用安祥　　착한 사람은 행하는 일이 안락하고
길 인 무 론 작 용 안 상　　복된 것은 물론

卽夢寐神魂　　잠자는 동안의 영혼까지도
즉 몽 매 신 혼

無非和氣　　따뜻한 기운에 쌓여 있지 않은 때가 없다.
무 비 화 기

凶人無論行事狼戾　　악한 사람은 하는 행동이 사납고 어긋나
흉 인 무 론 행 사 낭 려

卽聲音咲語　　말소리나 웃는 소리에까지
즉 성 음 소 어

渾是殺機　　살기가 서리지 않은 것이 없다.
혼 시 살 기

사람에겐 기본적인 양심이 있다. 혼자 있는 시간에는 누구나 솔직할 수 있다. 그러다 막상 사람들 속에 섞여 있으면 다양한 방식으로 자기를 드러낸다. 하루를 착하게 살았거나, 적어도 남에게 해를 끼치지 않고 산 사람은 잠을 잘 때 편안한 마음으로 잠자리에 들 수 있다. 반면 하루를 보내면서 통쾌하게 남을 속여서 재물을 갈취한 사람은 그 순간에는 쾌재를 부르지만 잠자리에 들면 불안해서 잠을 이루기 어렵다. 또한 힘깨나 쓴다고 사람을 괴롭히며 하루를 보내는 사람은 뭔가에 쫓기는 초조감으로 잠들지 못하고 꿈자리마저 사납다. 아무리 악해도 저녁에 혼자 있는 시간이 되면 양심이 문을 두드리기 때문이다. 그렇게 잠을 이루지 못한 다음 날은 더욱 짜증이 나서 화를 몸에 달고 다닌다. 그래서 악은 악을 낳고 선은 선을 낳는 반복으로 이어진다. 편안한 저녁을 맞아 평화롭게 잠자리에 들려면 남에게 해가 되지 않아야 한다.

22 건강한 양심

肝受病則目不能視
간 수 병 즉 목 불 능 시

간이 병들면 눈으로 볼 수 없고

腎受病則耳不能聽
신 수 병 즉 이 불 능 청

콩팥에 병이 들면 귀로 듣지 못한다.

病受於人所不見
병 수 어 인 소 불 견

병은 다른 사람이 볼 수 없는 곳에 생기지만

必發於人所共見
필 발 어 인 소 공 견

반드시 다른 사람이 보는 곳에서 나타난다.

故君子欲無得罪於昭昭
고 군 자 욕 무 득 죄 어 소 소

그러니 군자가 밝은 곳에서
죄를 얻지 않으려면

先無得罪於冥冥
선 무 득 죄 어 명 명

먼저 어두운 곳에서 죄를 짓지 않아야 한다.

간에 병이 들면 눈의 색이 변한다. 그래서 사람들은 눈만 보고도 간이 나빠졌다고 예상한다. 사람들이 피부 속에 감춰진 간을 본 것은 아니지만 병들면 밖으로 드러날 수밖에 없는 것이 사람의 몸이다.

 죄를 짓는 것도 마찬가지어서 세상에 완전범죄란 없다. 아무도 모르게 감쪽같은 잘못을 저질러도 언젠가는 드러나게 마련이다. 남을 속이는 일은 그만큼 어려운 것이다. 또한 자신의 양심은 절대로 속일 수 없다. 이렇게 감춘 잘못이 있다면 그의 얼굴에는 드러날 수밖에 없다.

 콩팥에 병이 들어 제 기능을 하지 못하면 귀가 잘 들리지 않는 것처럼 남모르게 죄를 저지르면 그 죄로 인하여 자신은 불안해진다. 자신의 잘못을 사람들 앞에서 감추었다는 생각으로 쾌재를 부르다보면 자신의 마음도, 몸도 마비가 될 수 있다. 그러므로 양심에 거리끼는 죄를 짓지 않도록 해야 한다.

# 행복을 느낄 수 있는 여유

福莫福於少事
복 막 복 어 소 사

복에는 일이 적은 것보다 큰 복이 없고,

禍莫禍於多心
화 막 화 어 다 심

재앙에는 마음을 많이 써야 하는 것보다 큰 재앙이 없다.

唯苦事者
유 고 사 자

오로지 일에 괴로움을 당한 사람이라야

方知少事之爲福
방 지 소 사 지 위 복

일이 적은 것을 복으로 알게 되고,

唯平心者
유 평 심 자

오로지 마음을 평안히 하는 사람이라야

始知多心之爲禍
시 지 다 심 지 위 화

비로소 마음 쓸 일이 많은 것이 재앙이라는 것을 알게 된다.

일을 갖고자 하여도 일이 없는 것처럼 답답한 일은 없다. 반면 아무리 일을 해도 할 일이 쌓이는 것처럼 숨이 막히는 것도 없다. 일이 적당히 주어진다면 삶에 활기가 넘치고 건강하다. 그런데 일이 지나치게 많은 경우가 있으니, 그것은 생산적인 일이라기보다 욕심에서 비롯되는 경우가 많다. 따라서 일이 많은 것이 복이 되어 행복을 부르기보다 몸과 마음에 병드는 경우가 많다. 욕심으로 인해 끝없이 이어지는 일을 안고 사는 사람은 그래서 불행하다. 행복하려면 나름대로 일을 조절할 수 있어야 하며, 행복하다고 생각할 수 있는 여유가 있어야 한다.

세상에 저절로 되는 일은 없다. 일마다 그만큼의 마음을 써야 한다. 일이 많으면 그만큼 마음 쓸 일이 많아서 마음에 여유가 없고 번잡하기만 하다. 그러다보면 처음엔 일에 효과가 있는 것 같지만 점차 일에 효율성이 떨어지면서 근심만 늘어난다. 그러므로 행복하려면 일의 노예가 될 것이 아니라 일을 조절할 수 있는 조정자가 되어야 한다.

24 상황에 맞추어 살기

處治世宜方
처 치 세 의 방

태평한 세상에 처해서는 마땅히
방정히 행해야 하고

處亂世宜圓
처 난 세 의 원

어지러운 세상에 처해서는 마땅히
원만히 행해야 하며,

處叔季之世當方圓竝用
처 숙 계 지 세 당 방 원 병 용

평범한 세상에 처해서는 마땅히
방정함과 원만함을 함께 행해야 한다.

待善人宜寬
대 선 인 의 관

착한 사람을 대할 때에는 마땅히
너그러워야 하고

待惡人宜嚴
대 악 인 의 엄

악한 사람을 대할 때에는 마땅히
엄해야 하며,

待庸衆之人當寬嚴互存
대 용 중 지 인 당 관 엄 호 존

평범한 보통 사람을 대할 때에는 마땅히
너그러움과 엄함을 함께 지녀야 한다.

사람은 상황에 따라 그에 어울리게 살아야 한다. 상황에 관계없이 똑같이 행동하는 것은 어리석다. 상황에 맞게 처신할 줄 알아야 한다. 초상집에 가면 초상집에 어울리게 행동해야 하고, 잔칫집에 가면 명랑한 모습을 보여야 한다.

사람은 시대의 흐름에 맞춰 살아야 한다. 21세기에 살면서 20세기에 살던 사람들 같은 사고는 맞지 않는다. 다른 사람들은 모두 21세기적인 사고로 살아가며 세상을 그렇게 받아들이는데 혼자 20세기적 사고를 고집하며 살면 완전히 따돌림을 받으며 살 수밖에 없다.

그러면서도 한편으로 자신을 경계할 줄 알아야 더 나은 삶을 살 수 있다. 세상이 태평할수록 다소 긴장하며 몸가짐을 바로 해야 하며, 세상이 어지러우면 거기에 맞춰 지나치게 고고한 태도를 견지해서도 안 된다. 때로는 긴장하며 방정한 모습으로 살고, 때로는 융통성 있게 처신해야 한다. 선에는 선하게 대하고 악에는 엄하게 대하여 흔들림 없이 자신을 유지할 수 있어야 한다.

자기 나름의 기준 갖기

人之際遇有齊有不齊
인 지 제 우 유 제 유 부 제

而能使己獨齊乎
이 능 사 기 독 제 호

己之情理有順有不順
기 지 정 리 유 순 유 불 순

而能使人皆順乎
이 능 사 인 개 순 호

以此相觀對治
이 차 상 관 대 치

亦是一方便法門
역 시 일 방 편 법 문

사람의 처지를 보면 갖춘 사람도 있고
갖추지 못한 사람도 있으니

어찌 혼자만 다 갖추려 하겠는가?

또 자기의 심리를 보면 도리에 맞는 것도
있고 도리에 맞지 않는 것도 있으니

다른 사람들이 모두 도리에 맞도록 바랄 수
있겠는가?

이처럼 다른 사람과 나를 비교해 보고
다스린다면

또한 이것도 세상을 살아가는
한 가지 방법이 될 것이다.

세상에 완벽한 사람은 없다. 아무리 모든 것을 갖추고 있는 것 같은 사람이라도 부족한 면은 있다. 부와 명예, 지위, 건강 등 모든 것을 고루 갖추어 세상 그 누구보다 행복한 것처럼 보이는 사람도 공허한 무언가는 있게 마련이니 그런 사람을 부러움의 대상으로 바라볼 필요는 없다. 모든 것을 갖추고 있어도 정신적인 충족감이 없다면 그는 불행하기 때문이다.

　또한 가진 것이라고는 아무것도 없어서 보잘 것 없는 것처럼 보이는 사람이라고 해서 그를 무시하거나 평가절하해서는 안 된다. 그 사람이 오히려 자신보다 더 행복한 삶을 살 수도 있는 것이다. 세상을 살아가는 데에는 각자가 갖고 있는 기준이 있으며, 그 기준은 각자 다른 것이다. 자신의 기준을 자신의 처지에 잘 맞춰 사는 사람이 정말 행복한 것이다.

26 올바른 마음자세

心地乾淨方可讀書學古
심 지 건 정 방 가 독 서 학 고

마음 바탕을 청결히 한 후에 책을 읽어 옛것을 배워야 한다.

不然見一善行竊以濟私
불 연 견 일 선 행 절 이 제 사

그렇지 않으면 한 가지 착한 행동을 보고 그것을 훔쳐서 자기의 욕심을 채우고

聞一善言假以覆短
문 일 선 언 가 이 복 단

한 마디의 좋은 말을 들으면 그것을 빌어서 자기의 잘못을 가릴 것이니

是又藉寇兵而齎盜粮矣
시 우 자 구 병 이 재 도 량 의

이것은 적에게 무기를 빌려 주고 도둑에게 식량을 주는 것과 같다.

같은 책을 읽어도 읽는 이들에 따라 받아들이는 마음이 다르다. 그것은 자기 안에 어떤 정보가 있느냐에 따라 다른 것이다. 사람은 외부의 정보를 받아들일 때 기존에 있는 정보를 가지고 새로운 정보를 해석하여 받아들인다.

좋은 책을 읽어 선한 마음을 기르려면 우선 악한 생각을 비워낸 후에 그 책을 읽어야 한다. 그렇지 않으면 아무리 좋은 책이라도 그의 마음에 들어간 후에는 악한 도구로 변질된다. 아무리 선하게 살라는 경전이라 해도 그것을 읽고 사람을 착하게 교화시키는데 사용하는 이가 있는가 하면, 그 구절들을 자기 식대로 해석하여 사기를 치는데 사용하는 이들도 있다.

좋은 책, 좋은 말, 좋은 정보라도 그것을 받아들이는 이의 마음 상태에 따라 그것이 선이 될 수도 있고 악이 될 수도 있으므로 우선 마음 자세를 바로 잡아야 한다.

진정한 지식 갖기

奢者富而不足
사 자 부 이 부 족

何如儉者貧而有餘
하 여 검 자 빈 이 유 여

能者勞而府怨
능 자 노 이 부 원

何如拙者逸而全眞
하 여 졸 자 일 이 전 진

사치하는 사람은 부유해도 항상 모자라는데

가난하지만 검소한 사람의 여유로움과
어찌 같겠는가?

일에 능한 사람은 힘들게 일하고도
원망을 불러들이니

일이 서툴지만 한가로운 사람의 천성을
지킴과 어찌 같겠는가?

책을 많이 읽는다고 자랑하는 이들이 있다. 그러나 아무리 많은 책을 읽고도 깨달음이 없다면 몇 권의 책을 읽고 깨달은 사람만 못하다. 책을 눈으로만 읽는 것이 아니라 가슴으로 읽어야 하는 것이다. 책은 많이 읽어서 좋은 것이 아니라 깨달음을 발견해야 좋은 것이다.

　공직에 있는 사람이 그저 급료를 받는 것으로 족하여 국민을 위해 봉사하지 않는다면 그는 돈만 받고 일을 하지 않는 사기꾼인 것이다. 공직에 있는 사람에게 나가는 급료는 국민의 세금으로 주는 것이기 때문이다. 학문을 가르치는 교사가 학문을 연구하지 않고, 실천하지도 않으면서 지식만을 전달한다면 그는 앵무새에 불과하다. 선생도 마땅히 가르칠 지식을 소화해서 자기 나름의 방식으로 가르쳐야 한다.

　사업을 하는 이가 돈만 벌 생각으로 사업을 한다면 공익을 무시할 수 있다. 자신의 사업의 결과가 다른 사람에게 옮겨갈 때 해가 될 것을 알면서도 돈만 생각하여 그리한다면 그는 악덕기업인이다. 기업이 오래가게 하려면 덕을 쌓기 위해 노력해야 한다.

28 올바른 배움의 자세

讀書不見聖賢 爲鉛槧傭
독 서 불 견 성 현 위 연 참 용

居官不愛子民 爲衣冠盜
거 관 불 애 자 민 위 의 관 도

講學不尙躬行 爲口頭禪
강 학 불 상 궁 행 위 구 두 선

立業不思種德 爲眼前花
입 업 불 사 종 덕 위 안 전 화

책을 보면서도 성현을 볼 수 없다면
이것은 평생 글자를 베끼는 일이고,

관직에 있으면서 백성을 사랑하지 않는
사람은 관복을 입고 있는 도둑이다.

학문을 익히면서도 직접 행동하지 않으면
이것은 입으로만 하는 선(禪)이고,

사업을 일으키고도 덕의 씨앗을 뿌릴 생각을
않는다면 이것은 눈앞에 있는 꽃이다.

무언가를 배울 때 배우는 사람다운 자세를 가져야 한다. 배운다는 것은 남보다 많이 알아서 그 지식을 뽐내기 위한 것이 아니라 그 배운 것을 더 쉽게 다른 이들에게 전달해야 하는 것을 알아야 한다. 그렇게 하는 것이 배운 사람의 멋이며, 배운 사람다운 일이다. 배운다는 것은 어려운 것을 더 쉽게 전달하는데 가치가 있다.

또한 학자인양 고상하기만 하면 주변에 사람이 모이지 않는다. 바른 행실은 좋은 것이지만 지나치면 생동감을 떨어뜨리고 사람을 무미건조하게 만들 수 있다. 누구를 대하든 겸손한 마음으로 대할 수 있어야 사람다운 사람이다. 아무리 겉으로 고상한 삶을 살아도 마음에는 온갖 잡념이 들끓고 있다면 그는 추한 위선자다. 그렇지만 아무리 추해 보여도 그를 무시하지 않고 동일한 인격체로 대하는 사람이 군자라 할 수 있다.

깨끗한 마음 갖기

學者要有段兢業的心思
학 자 요 유 단 긍 업 적 심 사

又要有段瀟洒的趣味
우 요 유 단 소 쇄 적 취 미

若一味斂束淸苦
약 일 미 렴 속 청 고

是有秋殺無春生
시 유 추 살 무 춘 생

何以發育萬物
하 이 발 육 만 물

배우는 사람은 한편으로 삼가는 마음을
가져야 하며

다른 한편으로는 시원스런 멋을 지녀야 한다.

만약 지나치게 한결같이 단속하여
청렴하기만 하면

이것은 가을의 살기만 있고
봄의 생기는 없는 것이니

어찌 이것으로 만물을 자라게 하겠는가?

청렴결백하다는 말은 물질에 있어 깨끗하다는 의미이지 그의 삶 자체가 깨끗하다는 것은 아니다. 물질에는 깨끗하지만 그로 인해 명예를 얻었다면 그는 명예욕이 강한 사람이다. 진정으로 깨끗한 사람은 자기 이름이 높아지고 추앙받는 것조차 받아들이지 않는 법이다. 대부분의 경우 한 면에 욕심이 없는 대신 다른 면에 욕심을 갖고 있다. 그러므로 진정으로 청렴결백한 사람을 만나기란 쉽지 않다.

또한 재주가 뛰어나다는 것은 잔재주가 뛰어나다는 의미이지 그가 무엇이든 잘 할 수 있다는 의미가 아니다. 오히려 큰 재주가 있는 사람은 경거망동하지 않고 자기를 잘 드러내지 않으며, 진정으로 자신의 재능이 변변치 않다는 의식을 갖고 있다. 잔재주만 있는 사람이 자신을 크게 드러내기 위해 경거망동하는 것이다. 사람들이 자신을 알아보기를 바라지 않고 자기의 길을 묵묵히 가는 사람이 더 큰 재주를 갖고 있다.

재주를 함부로 뽐내지 않기

眞廉無廉名
진 렴 무 렴 명

진정 청렴한 것은 청렴하다는
이름도 없으므로

立名者正所以爲貪
입 명 자 정 소 이 위 탐

이름을 날리는 사람은 탐욕이 자리 잡고
있는 것이다.

大巧無巧術
대 교 무 교 술

진정 뛰어난 재주에는 교묘한 수단이
없으므로

用術者乃所以爲拙
용 술 자 내 소 이 위 졸

교묘한 재주를 부리는 사람은 바로
재주가 서툴다는 것이다.

진실로 청렴하다면 청렴하다는 말도 필요 없는 것이다. 다른 이들로부터 청렴하다는 소리를 들으려고 노력하는 것은 이미 욕심이 자리한다는 말이다. 그리고 진정 재주가 뛰어난 사람은 재주를 부리려고 하지 않는다. 재주를 보여 주려는 것은 오히려 그의 재주가 부족하다는 말이다. 정말로 가진 자는 가졌다고 우쭐대는 법이 없다.

31 밝은 마음 유지하기

心體光明
심 체 광 명

마음 바탕이 밝게 빛나면

暗室中有靑天
암 실 중 유 청 천

어두운 곳에도 푸른 하늘이 있지만,

念頭暗昧
염 두 암 매

생각이 어두우면

白日下生厲鬼
백 일 하 생 려 귀

대낮에도 악귀가 나타난다.

남들이 보지 않는 아무리 어두운 곳에서도 마음을 잡고 나쁜 생각을 하지 않는 것은 양심 덕분이다. 보는 사람이 없고 아무리 가치가 있는 물건이 있어도 내 것이 아니면 가지고 싶은 욕심이 생기지 않게 하는 것이 양심이니, 양심은 우리의 마음 바탕을 밝게 만드는 거울이다.

마음 바탕이 밝으면 어두운 곳에 있어도 대낮처럼 세상을 느끼고, 아무도 없는 곳에서도 만인이 지켜보는 것처럼 행동한다. 반면 마음이 어두우면 언제든 유혹이 찾아오고 그 유혹을 받아들이는데 주저하지 않으며, 좋은 물건이라도 보이면 어떻게든 손에 넣으려고 전전긍긍하면서 기회를 노리게 된다.

그러므로 떳떳하고 부끄러움 없이 살려면 밝은 마음의 상태를 유지하려고 노력해야 한다. 남의 것을 탐하지 않는 것이 마음을 편안하게 하고 행복하게 해준다는 사실을 믿어야만 한다.

32 올바른 선행

爲惡而畏人知
위 악 이 외 인 지

惡中猶有善路
악 중 유 유 선 로

爲善而急人知
위 선 이 급 인 지

善處卽是惡根
선 처 즉 시 악 근

악을 행하고는 사람들이 알까봐
두려워하는 것은

악한 중에도 아직은 선으로 가는 마음이
있다는 것이며,

선을 행하고는 사람들이 빨리 알아주기를
바라는 것은

선한 중에도 악의 뿌리가 있기 때문이다.

누구나 세상을 살다보면 잘못을 저지를 수 있다. 사람은 완전한 존재가 아니라서 죄도 짓고 실수도 할 수 있다. 중요한 것은 죄를 안 짓고 실수를 안 하는 것이 아니라 마음이 문제인 것이다. 잘못을 저지르고 나서 양심의 가책을 느낀다면 그의 마음엔 아직 양심의 거울이 비추고 있기 때문이며, 그의 본질은 선을 향하고 있다는 반증이다.

반면 남에게 도움을 주거나 좋은 일을 하는 것은 분명 선을 행한 것이다. 그런데 선을 행하고 누군가 그 일을 알아주고 그에 부응하는 반대급부를 바란다면, 그의 마음에 아직 악이 있다는 말이다. 선이란 남이 알아준다고 해서 행하고, 남이 알아주지 않는다고 안 하는 것이 아니다. 남이 알든 모르든, 남이 보든 안 보든 자발적으로 마음에서 우러나올 수 있어야 한다. 그렇게 행하는 선이 진정한 선이다.

33 복 받을 마음그릇

福不可徼養喜神
복 불 가 요 양 희 신

以爲召福之本而已
이 위 소 복 지 본 이 이

禍不可避去殺機
화 불 가 피 거 살 기

以爲遠禍之方而已
이 위 원 화 지 방 이 이

복은 마음대로 불러들일 수 없으니
즐거운 마음을 길러

이것으로써 복을 부르는 근본을 삼을
따름이고,

재앙은 마음대로 회피할 수 없으니
다른 사람을 해치려는 마음을 버려서

이것으로써 재앙을 멀리하는 방편으로
삼아야할 뿐이다.

"선한 끝은 있어도 악한 끝은 없다."는 말은 선한 사람에겐 하늘이 복을 주고 악한 사람에겐 복을 주지 않는다는 뜻이다. 누구나 복을 받고 싶어한다. 대부분의 사람들은 복이라는 말만 들어도 좋아한다. 그만큼 사람들은 복을 받기 원하며 화가 닥치는 것을 두려워한다. 복이나 화는 우리가 원한다고 오고, 원하지 않는다고 가는 것이 아니다. 하지만 대개의 경우 복은 착하고 즐거운 마음으로 사는 사람을 찾아가고, 화는 악하고 우울하게 사는 사람을 찾아간다. 그러므로 복을 받으려면 마음 그릇을 선하게 바꾸면 된다. 또한 마음을 고약하게 하고 우울하게 살면 오던 복도 달아나고 화만 찾아오는 것이다.

34 좋은 사람들을 주위에 두기

天地之氣暖則生寒則殺
천 지 지 기 난 즉 생 한 즉 살

천지의 기운이 따뜻하면 생명이 살아나고 추워지면 죽는다.

故性氣淸冷者
고 성 기 청 랭 자

그러므로 성질이 차가운 사람은

受享亦凉薄
수 향 역 량 박

복을 누리는 것도 박하고,

唯和氣熱心之人
유 화 기 열 심 지 인

오로지 마음이 따뜻한 사람이

其福亦厚其澤亦長
기 복 역 후 기 택 역 장

복을 두터이 받고 받은 복도 오래간다.

이 세상은 모두 음양의 원리로 이루어져 있다. 따뜻한 봄이 있으면 추운 겨울이 있으며, 딱딱한 것이 있으면 부드러운 것이 있다. 성장하게 하는 요소가 있다면 쇠락하게 하는 요소가 있다. 봄은 따뜻하여 생명을 움트게 하고, 그 생명이 성장하게 한다. 반면 겨울은 날씨가 추워져서 생명의 성장을 멈추게 하고 쇠락시킨다. 이렇게 모든 만물은 생장과 쇠락을 되풀이 하며 유지된다.

사람도 마찬가지여서 따뜻한 마음을 가진 사람의 주변은 온기가 있어 자신뿐 아니라 주변 사람들도 복이 있게 만들고, 마음이 차가운 사람은 자신은 물론 주변 사람들까지도 박복하게 만든다.

 좋은 생각으로 채우기

心不可不虛
심 불 가 불 허

마음은 늘 비워 두지 않으면 안 되니

虛則義理來居
허 즉 의 리 래 거

비워 놓아야 정의와 도리가 들어와 산다.

心不可不實
심 불 가 불 실

마음은 항상 채워 두지 않으면 안 되니

實則物欲不入
실 즉 물 욕 불 입

가득 채워 놓아야 물욕이 들어오지 못한다.

우리 마음에는 늘 무언가가 채워져 있다. 나쁜 생각이 차 있으면 좋은 생각은 들어올 여지가 없다. 좋은 생각을 가지려면 우선 나쁜 생각을 버려서 마음을 비워야 한다. 그렇게 하여 마음속에 정의와 선행과 같은 좋은 생각들로 채워 놓지 않으면 못된 생각들이 빈틈으로 비집고 들어와 나쁜 생각들을 늘려갈 것이다. 자신의 마음을 무엇으로 채울지는 각자에게 달려 있으므로 늘 좋은 생각을 마음에 가득 담고 살아야 한다.

36 다른 사람을 포용하기

地之穢者多生物
지 지 예 자 다 생 물

더러운 땅에는 초목이 많이 자라고

水之淸者常無魚
수 지 청 자 상 무 어

물이 너무 맑으면 항상 고기가 없다.

故君子當存含垢納汚之量
고 군 자 당 존 함 구 납 오 지 량

그러므로 군자는 때 묻고 더러운 것도 포용할 줄 알아야 하며

不可持好潔獨行之操
불 가 지 호 결 독 행 지 조

깨끗한 것이 좋다고 이를 홀로 행하려 하지 말아야 한다.

더러워 보이는 땅에 오히려 초목이 많이 자라고, 지나치게 깨끗한 물에는 고기가 없다. 그러므로 때 묻고 더러운 것도 포용할 줄 알아야 한다. 결백한 것이 좋다고 하여 다른 이들의 작은 실수도 용납하지 못해 멀리하면 그는 큰 사람이라 할 수 없다.

　누구나 사소한 결점이 있을 수 있다. 자신은 깨끗한 것 같아도 다른 이들이 볼 때에는 결점이 보이는 것이다. 다른 사람의 결점을 포용하지 못한다면 이 넓은 세상에 홀로 살아야 할 것이다.

37 복을 만드는 마음

耳目見聞爲外賊
이 목 견 문 위 외 적

귀로 듣고 눈으로 보는 것은 바깥에 있는 도둑이고

情欲意識爲內賊
정 욕 의 식 위 내 적

정욕과 물욕의 의식은 안에 있는 도둑이니

只是主人翁惺惺不昧
지 시 주 인 옹 성 성 불 매

다만 주인이 정신을 똑바로 차리고 깨어

獨坐中堂
독 좌 중 당

홀로 안채에 앉아 있으면

賊便化爲家人矣
적 변 화 위 가 인 의

도둑들이 곧 집안사람으로 변할 것이다.

누군가 아름다운 말로 속삭이면 그 유혹에 넘어가기 쉬우며, 아름다운 모습으로 다가오면 욕심이 생겨 그것을 소유하려는 마음이 생기는 것이 당연하다. 무언가 들을 수 있는 귀가 있다는 것은 복된 일이지만, 듣는 것으로 자기 삶이 해로운 것에 노출된다면 그 귀는 화(禍)라고 할 수 있다. 볼 수 있는 것처럼 복 받은 삶도 없지만, 그 눈으로 인해 유혹을 당해 자기 인생을 망친다면 눈처럼 저주스러운 것도 없을 것이다.

우리에게 주어진 볼 수 있는 축복, 들을 수 있는 축복도 우리가 잘 감시하지 않으면 화가 될 수 있다는 말이다. 외부에서 들려오는 것을 감지하고, 외부에 있는 것을 듣고 보는 것이 귀와 눈인 것 같지만, 그 것을 어떻게 듣고 보느냐는 바로 우리 안에 있는 의식이다. 그러므로 자기의식을 제대로 지키며 살아가는 것이 무엇보다 중요하다.

38 과거에 매이지 않기

圖未就之功
도 미 취 지 공

아직 시작하지 않은 공적을 도모하기보다는

不如保已成之業
불 여 보 이 성 지 업

이미 이뤄 놓은 일을 계속 지키는 것이 낫고,

悔旣往之失
회 기 왕 지 실

지나간 잘못을 후회하기보다는

不如防將來之非
불 여 방 장 래 지 비

장래에 생길 과오에 대비하는 것이 낫다.

이것저것 하고 싶은 일이 많은 사람일수록 한 가지도 제대로 이루지 못하는 경우가 많다. 그는 공상만 할 뿐 제대로 실행을 하지 않기 때문이다. 비록 실행을 한다고 하더라도 조금 시도하다 중단하는 경우도 많다. 일단 시작하면 끝을 보겠다는 의지를 가지고 밖에서 이러저러한 이야기를 해도 넘어가지 않는 것이 중요하다.

　일을 하다 보면 늘 일이 성사되고 멋지게 마무리 되는 것만은 아니다. 실패로 끝나는 일이 성공하는 일보다 훨씬 많을 수도 있다. 그렇다고 실패에 연연하면 한 발짝도 앞으로 나갈 수 없다. 이미 끝난 일에 연연하거나 후회하는 것은 어리석은 일이다. 지난 것은 돌아올 수 없기 때문이다. 다만 미래에 있을 과오를 줄일 준비를 하는 것이 지혜로운 일이다.

안에서 나오는 좋은 인품

貧家淨拂地
빈 가 정 불 지

가난한 집안의 먼지를 쓸어내고

貧女淨梳頭
빈 녀 정 소 두

가난한 여자도 깨끗하게 머리를 빗으면

景色雖不艶麗
경 색 수 불 염 려

그 모습이 비록 아름답고 곱지는 않아도

氣度自是風雅
기 도 자 시 풍 아

기품에는 저절로 아름다운 바람이 분다.

士君子一當窮愁寥落
사 군 자 일 당 궁 수 료 락

군자가 한 때 곤궁하여 실의에 빠진다 해도

奈何輒自廢弛哉
내 하 첩 자 폐 이 재

어찌 곧 스스로 그만두겠는가.

인품과 겉치장이 비례하는 것은 아니다. 치장이나 화장은 사람들에게 일시적인 호감을 줄 뿐이다. 치장이나 화장이 그 사람의 인품을 만들어 주는 것은 아니다. 비록 가난하여 좋은 옷을 입지 못하고 남이 볼 때 화려하지 않아도 그 사람의 삶이 올바르다면 그의 얼굴에선 인품이 묻어난다. 치장이나 화장은 겉모습을 그럴듯하게 하여 속내를 감추는 역할을 할 수 있지만 안에서 배어나오는 인품까지 감출 수는 없다. 비록 옷차림은 남루하여도 속내가 곧고 정의롭고 선하다면 겉으로 배어나와 그의 진가를 나타낼 수 있다. 그것이 바로 인품이라는 것이다. 좋은 인품을 가지려면 내면을 잘 다스리는 지혜를 가져야 한다.

# 삶을 지배하는 생각의 힘

念頭起處纔覺向欲路上去
염 두 기 처 재 각 향 욕 로 상 거

便挽從理路上來
변 만 종 리 로 상 래

一起便覺一覺便轉
일 기 변 각 일 각 변 전

此是轉禍爲福
차 시 전 화 위 복

起死回生的關頭
기 사 회 생 적 관 두

切莫輕易放過
절 막 경 이 방 과

생각이 일어난 때에 조금이라도 욕심의
길로 향해 나가는 것을 깨닫는다면

곧 돌이켜 도리에 맞는 길로 이끌어
따르게 하라.

생각이 일어나면 곧 깨닫고
깨달으면 바로 전환하라.

이것이 바로 재앙을 돌이켜 복을 만들고

죽음에서 일어나 새 삶을 얻는
첫째 방법이므로

가볍게 여겨 지나쳐버리는 일이
없어야 한다.

데카르트는 "나는 생각한다. 그러므로 존재한다."고 말했다. 이는 생각의 힘을 말한다. 우리의 삶을 지배하는 것은 실상 생각의 힘이라고 할 수 있다. 그대로 멈추는 것도, 움직이는 것도, 변하게 하는 것도 생각의 힘이다. 생각을 바꾸면 인생이 달라진다. '어떻게 살 것이냐'의 문제는 '어떤 생각으로 살 것이냐'와 동일한 문제이다.

생각은 좋은 생각만 있는 것이 아니라 옳지 못한 생각도 있다. 어떤 생각이든 생각에는 큰 힘이 있다. 이 큰 힘이 잘못된 방향으로 움직이면 화가 되고, 좋은 방향으로 움직이면 복이 된다. 복을 얻느냐 화를 얻느냐는 생각의 방향에 달려 있으며, 그 방향을 정하는 것은 마음속의 의식과 의지다. 따라서 의식과 의지를 잘 다스려야 한다.

# 반대급부를 바라지 않는 진정한 자선

舍己毋處其疑
사 기 무 처 기 의

處其疑卽所舍之志多愧矣
처 기 의 즉 소 사 지 지 다 괴 의

施人毋責其報
시 인 무 책 기 보

責其報併所施之心俱非矣
책 기 보 병 소 시 지 심 구 비 의

자기를 버렸으면 의심이 머물지 않게 해야 한다.

의심에 머물면 그 버린 뜻에 부끄러움이 많아질 것이다.

다른 사람에게 은혜를 베풀었으면 그것에 보답을 바라지 말아야 한다.

그것을 요구하면 베푼 마음도 함께 거짓이 되어버린다.

사리사욕을 버린다는 것은 쉽지 않다. 그럼에도 불구하고 자기의 이익을 포기하고, 남을 위해 봉사하는 이들이 있다. 그러한 정신은 아주 훌륭하다. 자신의 이익을 포기하는 것도 어려운 일이지만 그러기 위해서는 철저하게 그 일을 후회하지 말아야 한다. 포기한 이익이 아깝다는 생각이 든다면 그것은 자선도 아니고 봉사도 아니다. 봉사를 하든, 자선을 하든 착한 일을 했다고 해서 하늘에서 복 받을 것을 기대해서도 안 되며, 보답을 요구해서도 안 된다.

자신의 자선이나 봉사를 내세워 뭔가 대가를 바라거나 요구한다면 그것은 아니함만 못하다. 그렇게 하면 그것은 자선이 아니라 위선인 것이다. 진정으로 자기를 버리는 일은 마음을 즐겁게 하지만, 위선으로 자기를 버리는 것은 오히려 치욕이 되고 만다.

 사람에 대한 바른 평가

平民肯種德施惠
평 민 긍 종 덕 시 혜

便是無位的公相
변 시 무 위 적 공 상

士夫徒貪權市寵
사 부 도 탐 권 시 총

竟成有爵的乞人
경 성 유 작 적 걸 인

평민도 기쁨으로 덕을 심고
은혜를 널리 베풀면

곧 벼슬이 없는 재상이라 할 수 있으며,

사대부라도 권세를 탐하고 총애를 팔면

결국 벼슬이 있지만 거지나 마찬가지이다.

사람의 품격은 지위의 높고 낮음이나 직업의 귀천에 따라 달라지지 않는다. 지위나 직업, 빈부에 관계없이 사람답게 사는 사람이 품격 있는 사람이다. 비록 옷차림은 남루하고, 생활은 비루할지라도 정성을 다해 다른 사람을 도울 수 있는 마음을 가지고 있다면 그는 좋은 인품을 가진 사람이다.

반면 재산이 많거나 권력이 있어도 남을 멸시하고 돌보지 않는 사람이라면 그는 빈한한 사람이다. 그의 삶은 남루하고 비루하기 이를 데 없다. 사람다움의 평가는 재산의 많고 적음, 권력이 있고 없음, 명예가 있고 없음에 따르는 것이 아니라 어떤 인품을 가지고 살아가느냐에 있다.

가까운 관계 잘 유지하기

家人有過
가 인 유 과

집안사람의 잘못이 있으면

不宜暴怒不宜輕棄
불 의 폭 노 불 의 경 기

사납게 화내지 말고 가볍게 내버려두지도 말라.

此事難言借他事隱諷之
차 사 난 언 차 타 사 은 풍 지

그 일을 말하기 어려우면 다른 일을 빌어 비유하여 말하고

今日不悟俟來日再警之
금 일 불 오 사 래 일 재 경 지

오늘 깨닫지 못하면 내일을 기다려 다시 깨우치도록 해야 하고

如春風解凍如和氣消氷
여 춘 풍 해 동 여 화 기 소 빙

봄바람이 언 땅을 녹이는 것과 같이 하고 따뜻한 기운이 얼음을 녹이듯 해야 하니

纔是家庭的型範
재 시 가 정 적 형 범

이것이 가정을 바로 다스리는 법도이다.

"팔이 안으로 굽는다."는 말은 자신과 관련이 있는 사람이 가깝게, 좋게 보인다는 의미다. 자신과 피를 나눈 형제자매라면 다른 사람과의 관계에서 잘못을 해도 오히려 자신과 피를 나눈 사람을 감싸주는 것이 인지상정이다. 이럴 때 우리는 편견에 빠지기 쉽고, 그들을 오히려 좋지 않은 길로 이끌 수 있다. 그렇다고 이들의 잘못을 냉정하게 꾸짖거나 비난하면 그들은 마음에 상처를 받을 수 있다.

그러므로 가까운 사이일수록 신중하게 대해야 한다. 조심스럽게 접근하여 마음에 상처를 주지 않도록 하고, 직접 대놓고 이야기하기보다 예를 들어 이야기하여 스스로 깨닫게 하는 방법이 좋다. 그러한 요령이 가까운 관계를 지속시켜 줄 수 있는 방법이다.

44 가치 있는 고생

居逆境中
거 역 경 중

역경 중에 있을 때에는

周身皆鍼砭藥石
주 신 개 침 폄 약 석

몸 주변이 모두 침(針)과 약이어서

砥節礪行而不覺
지 절 려 행 이 불 각

절개와 행실을 갈고 닦아도 깨닫지 못하고,

處順境內
처 순 경 내

순조로운 일이 있을 때에는

眼前盡兵刃戈矛
안 전 진 병 인 과 모

눈앞이 모두 칼과 창이어서

銷膏靡骨而不知
소 고 미 골 이 부 지

살이 녹고 뼈가 깎여도 알지 못한다.

"젊어 고생은 사서도 한다."는 말이 있다. 사람은 고생을 하면서 많이 성숙해진다. 고생을 할 당시엔 고생한다는 생각으로 매사가 힘겨워서 고생 자체가 배움이 되는지 모르지만 고생이 끝나고 나면 그 시절에 자신의 삶이 얼마나 성숙되었는지 깨닫게 된다. 고생을 하다 보면 많은 생각을 하게 되고, 시련을 겪으면서 삶에 내공도 생기기 마련이다. 그렇게 생긴 힘들이 삶을 살아가는데 큰 보탬이 된다.

 반면 생활이 편하기만 하면 세월의 흐름조차 망각하며 별 의식 없이 지나간다. 사실 그러한 시간 속에 자신이 무기력해지고 능력을 잃어간다는 사실을 잊고 있는 것이다. 그러다 자신이 가졌던 열정도, 능력도 소진되었을 때 다시 힘을 내어 살아보려고 하지만 자신이 준비한 것이 없음을 깨닫게 되는 날이 온다. 이렇게 편한 삶은 자신도 모르는 독에 의해 침해를 당하는 것이므로 편안한 삶일수록 긴장을 하며 살아야 한다.

# 어려운 환경 극복하기

生長富貴叢中的 부귀한 집에서 자란 사람은
생 장 부 귀 총 중 적

嗜欲如猛火 욕망이 사나운 불과 같고
기 욕 여 맹 화

權勢似烈焰 권세는 세찬 불꽃과 같다.
권 세 사 열 염

若不帶些淸冷氣味 만일 맑고 서늘한 기운을 조금도
약 부 대 사 청 랭 기 미 지니지 않는다면

其火焰不至焚人 그 불길은 다른 사람을 태우지는 않아도
기 화 염 부 지 분 인

必將自爍矣 반드시 스스로를 태울 것이다.
필 장 자 삭 의

사람이 어떤 가정에서 자랐느냐에 따라 그 분위기에 젖어 살면서 가풍이 생긴다. 재산이 많은 집에서 자라면 늘 부에 관한 이야기만을 들으며 성장하므로 돈에 관심이 많게 된다. 권력가의 가정에서 자라면 늘 보는 일이 권력에 관한 일들이라 정치에 능하게 마련이다.

어려서 어떤 가정에서 자랐느냐가 결국 그의 미래에 지대한 영향을 미친다. 부잣집에서 다른 사람에 대한 배려 없이 자기 욕심만 부리고 산 사람이 사회에 나와서도 그대로 행하면 다른 사람을 괴롭게 한다. 권력가의 집에서 자란 사람이 품성을 조정하지 않고 사람을 대하면 사람을 이용의 대상으로 여기기 쉽다. 만일 좋은 품성을 기르지 않는다면 스스로 파멸할 수 있으므로 가정과 사회를 보는 눈을 분리할 줄 알아야 한다.

46 유혹을 이길 수 있는 용기

爽口之味皆爛腸腐骨之藥
상 구 지 미 개 란 장 부 골 지 약

입에 맞는 음식은 모두 장을 헐게 하고 뼈를 썩게 하는 독이므로

五分便無殃
오 분 변 무 앙

반 정도에서 멈춰야 재앙이 없다.

快心之事悉敗身喪德之媒
쾌 심 지 사 실 패 신 상 덕 지 매

마음에 즐거움을 주는 것은 모두 몸을 망치고 덕을 잃게 하는 매개물이므로

五分便無悔
오 분 변 무 회

반 정도에서 멈춰야 후회하지 않는다.

사람은 누구나 선호하는 음식이 있다. 자신의 입맛에 맞는 음식을 보면 일단 먹고 싶은 생각이 든다. 그러한 음식을 대할 때 주의할 것은 과식하지 않는 일이다. 맛있는 음식을 보면 평소보다 많이 먹기 쉽다. 아무리 좋은 음식이라도 과식을 하면 먹지 않는 것만 못하다. 과식은 몸에 독이 되는 것이므로 좋은 음식일수록 적게 먹어야 한다는 생각을 가져야 적당량을 먹게 된다.

또한 마음이 즐거운 일은 자칫 한없이 즐거움에 빠져들어 자신을 망칠 수 있다. 마음이 유쾌한 일일수록 중간에 접을 수 있는 용기가 필요하다.

남모르게 베푸는 은혜

怨因德彰 원망은 덕으로 인해 나타나므로
원 인 덕 창

故使人德我 덕이 있는 것으로 알게 하는 것보다는
고 사 인 덕 아

不若德怨之兩忘 덕과 원망을 모두 잊게 하는 편이 낫다.
불 약 덕 원 지 양 망

仇因恩立 원한은 은혜로 인해 생기므로
구 인 은 립

故使人知恩 은혜를 다른 사람이 알게 하는 것보다는
고 사 인 지 은

不若恩仇之俱泯 은혜와 원한을 모두 없게 하는 편이 낫다.
불 약 은 구 지 구 민

사람의 마음은 그 속을 알 수 없는 깊은 물과 같다. 좋은 일을 한다고 누군가에게 은혜를 베풀고 덕을 베풀었다가 칭찬을 듣기는커녕 비난을 받기도 한다. 은혜를 베풀거나 덕을 베풀어도 남 모르게 하는 것이 좋다. 한 사람에게 은혜를 베풀면 그 은혜를 얻지 못한 다른 사람의 원망을 듣는 경우가 있다. 그 원망이 지나치게 되면 원한이 되기도 한다. 사랑을 주는 것은 자유지만 그 사랑을 받지 못한 사람은 원한을 갖는 것이다. 그래서 사랑을 베풀고도 원망의 대상이 될 수 있으므로 은밀히 하는 것이 서로에게 좋다.

# 젊었을 때 지켜야 할 건강

老來疾病都是壯時招的
노 래 질 병 도 시 장 시 초 적

늙어서 생기는 질병은 모두 젊었을 때에 불러들인 것이고,

衰後罪孼都是盛時作的
쇠 후 죄 얼 도 시 성 시 작 적

쇠퇴한 후에 생긴 재앙은 모두 한창 잘 나갈 때에 만든 것이다.

故持盈履滿君子尤兢兢焉
고 지 영 리 만 군 자 우 긍 긍 언

그러므로 군자는 젊고 잘 나갈 때 더욱 조심해야 한다.

젊었을 때에는 웬만한 아픔은 아픔으로 여기지 않는다. 혈기가 왕성하여 혹 다치더라도 금세 치유된다. 그래서 무슨 일에나 쉽게 무리할 수 있고, 몸을 혹사시키는 일이 많다. 그렇다고 표가 나거나 일에 지장은 없다. 하지만 나이 들어 늙으면 면역력도 떨어지고, 조금만 다쳐도 치료가 늦어진다. 아프지 않던 곳도 아프고, 아픈 부위가 늘어나기 시작한다. 실상 나이 들어 아픈 부위들은 젊었을 때 혹사당한 부위에서 생기는 경우가 대부분이다. 평생 건강하려면 젊었을 때부터 건강관리를 지속적으로 해야 한다.

마찬가지로 부유할 때 자기 관리를 잘못하면 부를 잃었을 때 앙갚음을 당하기 쉽다. 권력이 있을 때 남을 괴롭혔다가 권력이 없어지고 나서 복수를 당하는 일이 다반사이다.

젊었을 때 제 몸을 잘 지키고, 재물이 있을 때 남을 도와야 하며, 권력이 있을 때 겸손해야 한다.

# 공평한 마음자세

處父兄骨肉之變
처 부 형 골 육 지 변

부모 형제가 변을 당하면

宜從容不宜激烈
의 종 용 불 의 격 렬

마땅히 침착해야 하고 격렬해서는 안 된다.

遇朋友交遊之失
우 붕 우 교 유 지 실

가까운 친구가 잘못을 하면

宜剴切不宜優游
의 개 절 불 의 우 유

마땅히 적절한 충고를 해야 하지 망설여서는 안 된다.

사람은 감정의 동물이어서 상황에 따라 돌발적이기도 하고 가라앉기도 한다. 세상에 일어나고 있는 많은 재난이나 변고에 따라 우리의 반응은 달라진다. 자기와 가까운 사람이 연관되어 있지 않은 재난은 그저 강 건너 구경거리에 불과하다. 그러나 자신의 부모 형제가 관련될 경우 이성을 잃고 허겁지겁하며 감정적으로 대하게 된다. 그러다 보면 자신을 해치는 것은 물론 일을 그르치기 쉽다.

가까운 사람과 관련된 일일수록 침착하려 애써야 한다. 또한 가까운 친구가 잘못을 저지르면 일단 감싸주고 그 죄를 감춰주고 싶은 것이 우리의 마음이다. 가까운 친구일수록 적절히 충고를 해줄 수 있어야 마땅한 일이다. 잘못은 더 큰 잘못을 낳기 쉽다. 잘못한 일에 동조자가 될 것이 아니라 거기에서 꺼내줄 수 있도록 해야 한다.

사소한 것도 중요하게 여기기

小處不滲漏
소 처 불 삼 루

작은 일에도 물이 새지 않고

暗中不欺隱
암 중 불 기 은

어둠 속에서도 속이거나 숨기지 않으며,

末路不怠荒
말 로 불 태 황

내리막길에 들어서도 포기하지 않으면

纔是個眞正英雄
재 시 개 진 정 영 웅

비로소 진정한 영웅이 된다.

큰 보가 어느 날 갑자기 터지는 것도 알고 보면 작은 구멍으로 물이 새면서 시작된 것이다. 사소한 잘못을 묵과하면 나중에는 만연되어 큰 잘못도 그냥 넘어가려다 일이 터진다. 아무리 사소한 일이라도 소홀히 하지 않고 큰일을 다루듯 하면 매사에 실수가 없다.

또한 아무리 남이 보지 않는 곳이라도 자신의 몸가짐이나 행동을 바르게 하면 어디에 있든 그는 바른 태도를 견지할 수 있다. 사소한 것을 사소하게 여기지 않으며, 늘 마음가짐을 바로 하는 사람은 설령 어쩌다 내리막길에 접어든다 해도 의연하고 당당하게 삶을 지탱할 수 있다. 그런 사람이 진정 군자라 할 수 있다.

51 어려운 사람 돕기

千金難結一時之歡
천 금 난 결 일 시 지 환

천금으로는 당장의 환심조차 얻기 힘들지만,

一飯竟致終身之感
일 반 경 치 종 신 지 감

한 끼를 대접하는 것으로 평생의 고마움이 될 수 있다.

蓋愛重反爲仇
개 애 중 반 위 구

대개 사랑이 무거우면 도리어 원한이 되고,

薄極翻成喜也
박 극 번 성 희 야

사랑이 매우 박하면 기쁨이 될 수 있다.

누군가에게 감동을 주는 것은 물질의 많고 적음에 있는 것이 아니다. 진정한 사랑이 배인 손길에 사람은 감동한다. 많은 것을 줘야만 감동하는 것이 아니라 빈손이라도 따뜻하게 잡아주고 관심을 가져주는데 감동한다. 도와준다고 하면서 거드름을 떨며 물질을 주면 상대는 고마움으로 받아들이기보다는 원한을 갖게 된다. 수천금의 물질보다 그에게 절실한 빵 한 조각이 오히려 그를 감동시킬 수 있다.

진정한 사랑이란 물질의 많고 적음의 문제가 아니라 간절한 마음을 채워주는 일이다.

# 평범한 삶의 현장에 있는 진리

驚奇喜異者 기이한 것을 보고 놀라고 기뻐하는 것은
경 기 희 이 자

無遠大之識 원대한 식견이 없는 것이며,
무 원 대 지 식

苦節獨行者 지나친 절의로 홀로 가는 것은
고 절 독 행 자

非恒久之操 영원히 변하지 않는 지조가 아니다.
비 항 구 지 조

진리라는 것이 저 높은 곳에만 있는 것도 아니며, 저 멀리에 있는 것도 아니다. 진리는 우리가 살아가는 삶의 현장 어디에든 있다. 지식이라는 것은 거창하고 아주 대단한 것이 아니다. 우리가 살아가는 모습, 그 모두가 지식의 총체이다.

그러므로 남보다 나아지기 위해 진기하고 기이한 것만을 찾는 것은 오만일 뿐이다. 세상은 혼자 살아가는 것이 아니라 더불어 살아야 한다. 평범함 속에서 찾아낸 진리와 우리 삶 속에서 발견하는 지식이 진정성을 갖고 있다.

53 남을 깎아내리지 않기

毋偏信而爲奸所欺
무 편 신 이 위 간 소 기

한쪽의 말만 믿어 간사한 사람에게 속지 말고,

毋自任而爲氣所使
무 자 임 이 위 기 소 사

자만하여 마음대로 행동하지 말라.

毋以己之長而形人之短
무 이 기 지 장 이 형 인 지 단

자신의 장점으로 남의 단점을 드러내는데 이용하지 말며,

毋因己之拙而忌人之能
무 인 기 지 졸 이 기 인 지 능

자신의 졸렬함으로 다른 사람의 능력을 시샘하지 말라.

분쟁이 일어났을 때 사람들은 자기편을 확보하려 애쓴다. 그럴 때 찾아와 편들기를 바라는 경우가 있다. 대개 간사한 사람일수록 말을 그럴듯하게 한다. 그러면 우리는 그 말에 넘어가 다른 사람을 나쁘게 치부할 수 있다. 그러나 분쟁이 생겼을 때 그 전후 관계를 잘 알아보지 않으면 편견에 빠지게 된다. 분쟁에 개입할 상황이라면 양쪽의 말을 다 들어본 후에 판단을 내리는 것이 좋다.

또한 자신과 관련된 일에 있어서 우리는 상대보다 우월해지고 싶은 마음이 있다. 내 장점을 드러내며 상대를 무시하거나 상대의 무능과 자신의 장점을 비교하여 자신을 드러내고 싶은 욕구가 있다. 하지만 그것은 비열한 짓이다. 또한 상대의 장점이나 능력이 있음을 시샘하거나 깎아내리고 싶은 욕망이 있을 수 있다. 그런 졸렬한 마음을 버리지 않으면 인생에서 성공하기 어렵다.

 **음흉한 사람에게 피해를 입지 않기**

遇沈沈不語之士
우 침 침 불 어 지 사

음흉하게 말하지 않고 가만히 있는
사람을 만나면

且莫輸心
차 막 수 심

아직 마음을 털어놓지 말고,

見悻悻自好之人
견 행 행 자 호 지 인

화를 잘 내고 잘난 체 하는 사람을 보면

應須防口
응 수 방 구

응당 입을 가려야 한다.

정확하게 말하지 않고 얼버무리며 대강 넘어가는 사람을 조심해야 한다. 그 사람은 대개 음흉한 사람이다. 그런 사람에게 자신의 흉금을 털어 놓았다가 자칫 뒤통수를 맞거나 말꼬리를 잡힐 수 있다. 마찬가지로 성질이 급하고 화를 내며, 잘난 체하는 사람에게도 속 깊은 이야기를 털어 놓아선 안 된다. 그들은 깊이 있게 생각하지 않거나 무시하는 경향이 강하다.

자기 마음을 다스리기

念頭昏散處要知提醒
염 두 혼 산 처 요 지 제 성

念頭喫緊時要知放下
염 두 끽 긴 시 요 지 방 하

不然恐去昏昏之病
불 연 공 거 혼 혼 지 병

又來憧憧之擾矣
우 래 동 동 지 요 의

생각이 혼미하고 산란할 때는 정신을 집중하여 깨달아야 하고,

마음의 긴장이 심할 때는 풀어놓을 줄 알아야 한다.

그렇지 않으면 혼미한 마음의 병을 고친다 해도

마음이 안정되어 있지 않은 괴로움이 다시 찾아온다.

아무리 정신을 집중해서 뭔가를 하려고 해도 혼란스러울 때가 있다. 그때는 우선 내려놓아야 할 근심덩어리가 무엇인지를 생각해보아야 한다. 그것을 내려놓아야만 집중할 수 있다. 정신이 혼란스럽다는 것은 긴장감이 덜하다는 의미이므로 긴장감 있는 일을 찾아야 할 필요도 있다.

또한 지나치게 긴장하다 보면 마음이 경직되어 자유로운 발상이 나오지 않는다. 따라서 지나친 긴장은 생각에도 몸에도 좋지 않다. 이러한 것들을 조절하지 않으면 초조감과 불안감이 엄습하여 삶을 우울하게 한다. 자신의 생각을 다스릴 수 있는 힘을 기르도록 늘 노력해야만 한다.

56 시련을 성공의 도구로 삼기

橫逆困窮
횡 역 곤 궁

재난과 곤궁은

是煆煉豪傑的一副鑪錘
시 하 련 호 걸 적 일 부 노 추

호걸을 단련시키는 도가니와 쇠망치이다.

能受其鍛鍊則身心交益
능 수 기 단 련 즉 신 심 교 익

단련을 받으면 몸과 마음에 이로움을 받고,

不受其鍛鍊則身心交損
불 수 기 단 련 즉 신 심 교 손

단련을 받지 않으면 몸과 마음에 손해를 받는다.

어려운 시절을 겪고 성공한 사람들의 모습을 우리는 얼마든지 만날 수 있다. 역경과 고난을 겪는 이들은 많지만 그렇다고 그들이 모두 성공하는 것은 아니다. 오히려 역경과 시련을 견디지 못하고 절망적인 삶을 사는 이들이 훨씬 더 많다. 역경과 시련을 자신을 단련하는 도구로 여기며 잘 참고 견뎌낸 사람만이 성공의 길로 갈 수 있다. 역경과 시련이 소수에게는 아주 좋은 통과의례가 되지만 필부들에겐 절망의 늪이 되고 만다. 기꺼이 잘 견디고 헤쳐 나갈 수 있다면 행복한 삶을 살 수 있다.

57 자기 소신을 갖기

毋因群疑而阻獨見
무 인 군 의 이 조 독 견

많은 사람들이 의심한다고 자신의 견해를 굽히지 말고

毋任己意而廢人言
무 임 기 의 이 폐 인 언

자신의 의견만을 믿어 남의 말을 버리지 말며,

毋私小惠而傷大體
무 사 소 혜 이 상 대 체

작은 은혜에 이끌려 큰일에 해를 끼치지 말고

毋借公論以快私情
무 차 공 론 이 쾌 사 정

여론을 이용하여 사사로운 감정을 풀지 말아야 한다.

소신을 가지고 살아야 한다. 소신이 없고 자기 철학이 없으면 늘 우왕좌왕하느라 제대로 된 결정을 내리지 못한다. 철학이 있고 소신이 있을 때 올바른 사리판단을 할 수 있다. 그 무엇에 대한 판단이 정확할 때 다른 사람이 이끄는 대로 이끌려 가지 않을 수 있다.

자기 철학이 있으면 그 어떤 달콤한 유혹 앞에서도 소신껏 판단할 수 있으며, 사사로운 감정으로 일을 그르치는 일이 없다. 제대로 삶을 살려면 자기 철학의 기반을 세우고 소신을 가져야 한다.

58 사람에게 상처 주지 않기

炎凉之態
염 량 지 태

富貴更甚於貧賤
부 귀 갱 심 어 빈 천

妬忌之心
투 기 지 심

骨肉尤狠於外人
골 육 우 한 어 외 인

此處若不當以冷腸
차 처 약 부 당 이 랭 장

御以平氣
어 이 평 기

鮮不日坐煩惱障中矣
선 불 일 좌 번 뇌 장 중 의

'뜨거웠다' '차가웠다' 하는 상태는

귀하고 재물이 많은 사람이 가난한 사람보다 더 심하고,

질투하고 시기하는 마음은

집안 식구가 남들보다 더 심하다.

이런 상태에서 만일 냉정한 마음으로 대하지 않고

평정한 마음으로 억제하지 않는다면

번뇌 속에 앉아 있지 않는 날이 거의 없을 것이다.

돈이 많고 사회적 위치가 높은 사람일수록 변덕을 부리기가 더 쉽다. 이들은 지켜야 할 것이 많아서 매사에 초조한 상태이기 때문이다. 또한 가장 신뢰하고 있는 사람들이 자신에게 가장 무서운 적이 될 수도 있다는 것을 알아야 한다. 자신과 가까운 사람일수록 잘 되는 일에 시기와 질투를 하기가 쉬운 것이다. 가까운 사람이 그럴 때엔 먼 사람보다 더 해가 클 수 있다.

그러므로 상황에 따라 어떤 사람을 대하느냐에 따라 처신을 잘 해야 한다. 자칫 사람을 잘못 대하면 마음에 큰 상처를 입는다.

은혜와 원한을 잘 조절하기

功過不容少混
공 과 불 용 소 혼

混則人懷惰墮之心
혼 즉 인 회 타 타 지 심

恩仇不可太明
은 구 불 가 태 명

明則人起携貳之志
명 즉 인 기 휴 이 지 지

공로와 과실은 조금이라도 혼동하지
말아야 하니

이것을 혼동하면 사람들은 게으른 마음을
품을 것이다.

은혜와 원한을 너무 분명히 밝혀서는
안 되니

이것을 지나치게 밝히면 사람들은 배반할
마음을 품게 된다.

공과는 분명하게 나누는 것이 좋으며, 은혜와 원한은 분명하게 가름하지 않는 것이 좋다. 공과 사를 나누어 판단하지 않으면 사람들은 게으른 마음을 품게 된다. 공을 세운 이에겐 거기에 합당한 칭찬과 보상을 해야 하고, 과실을 범한 이에겐 그에 걸맞은 벌을 주어야 한다. 벌을 면하고 상을 얻으려는 경쟁이 세상을 건강하게 한다.

　반면 은혜와 원한은 분명히 하지 않는 것이 좋다. 은혜와 원한은 어떤 일의 결과를 가지고 논하는 것이 아니라 감정의 문제이기 때문이다. 감정은 전부일 수 있고 전무일 수도 있다. 자칫 은혜를 잘못 베풀면 다른 쪽의 원한을 살 수 있으며, 원한을 갖게 되면 적을 만들게 된다. 은혜와 원한은 분명하게 드러내지 않는 것이 현명한 일이다.

60 음양의 원리

惡忌陰善忌陽
악 기 음 선 기 양

악은 그늘에 있기를 싫어하고, 선은 밝은 곳을 싫어한다.

故惡之顯者禍淺
고 악 지 현 자 화 천

그러므로 드러난 재앙은 작고

而隱者禍深
이 은 자 화 심

숨어 있는 재앙은 깊으며,

善之顯者功小
선 지 현 자 공 소

드러난 선은 그 공이 작고

而隱者功大
이 은 자 공 대

숨어 있는 선은 공이 크다.

세상에는 음양의 원리가 작용한다. 그래서 검은 것은 밝은 곳을 지향하고, 밝은 것은 어둠을 지향하여 밤낮이 교차하는 것이다. 당연히 악은 밝은 곳으로 나가기를 즐긴다. 그런데 사람은 어두운 곳에서 악을 행하여 감추고자 한다. 그러나 악의 속성은 드러내기를 좋아하므로 언젠가는 그 악이 적나라하게 드러나게 될 것이다.

 반면 선은 밝은 곳에서 이루어지지만 은근히 감추고자 하는 속성이 있다. 숨어서 더 밝은 마음을 선사하는 것이다. 따라서 선의 속성에 따라 숨어 있는 선은 그 공이 더 크고, 드러난 선은 공이 작을 수밖에 없다. 이런 삶의 원리에 따라 사는 것이 현명한 일이다.

61 병든 마음 치료하기

饑則附飽則颺
기 즉 부 포 즉 양

燠則趨寒則棄
욱 즉 추 한 즉 기

仁情通患也
인 정 통 환 야

배가 고프면 달라붙고 배가 부르면 떠나며

따뜻하면 달려오고 추우면 버리는 것,

이것이 사람들에게 공통된 마음의 병이다.

"화장실에 들어갈 때 다르고, 나올 때 다르다."는 말은 인심의 변덕이 심한 것을 말한다. 누구나 아쉬울 때는 자기에게 필요한 것을 얻기 위해 가진 자에게 잘 보이려 애쓴다. 그러다 소기의 목적을 달성하면 모르는 체하는 것이 다반사다. 그만큼 인간은 간사한 면을 갖고 있다.

  이렇게 자기가 필요하면 달려들고, 필요 없으면 모른 척 하는 것이 병든 마음 탓이란 걸 망각하고 사는 이들이 많다. 양심이 병들면 염치도 모르고 체면 따위는 아랑곳하지 않는다. 그렇게 사는 것처럼 추한 삶도 없다.

# 시행착오를 되풀이 하지 않기

反己者觸事皆成藥石
반 기 자 촉 사 개 성 약 석

자신을 반성하는 사람은 일어나는 일마다 약이 되고

尤人者動念卽是戈矛
우 인 자 동 념 즉 시 과 모

남을 탓하는 사람은 생각나는 일마다 모두 날카로운 무기가 된다.

一以闢衆善之路
일 이 벽 중 선 지 로

하나는 모든 선의 길을 열고

一以濬諸惡之源
일 이 준 제 악 지 원

다른 하나는 온갖 악의 근원으로 통하지만,

相去霄壤矣
상 거 소 양 의

서로의 거리는 하늘과 땅의 차이다.

어떤 일을 하다가 그 일이 잘 안 되었을 때의 반응은 사람에 따라 크게 두 가지이다. 하나는 자신이 실수해서 그렇게 되었다는 것을 인정하면서 반성을 한다. 그 사람은 실수를 교훈 삼아 차후에는 시행착오를 줄일 수 있다. 다른 하나는 잘못된 일을 자신의 탓이 아니라 남의 탓으로 돌리거나 운이 좋지 않아서라고 핑계를 댄다. 그런 사람은 다음에 똑같은 상황을 만나도 같은 실수를 되풀이하기 쉽다. 이런 생각의 차이는 잠깐 동안에 일어나는 일이지만 앞으로의 삶에 있어 이들의 거리는 아주 크다. 반성할 줄 아는 사람은 점차 전진하는 삶을 살고, 변명하는 사람은 퇴보하는 삶을 살게 된다.

 ## 자신의 머리를 과신하지 않기

魚網之設鴻則羅其中
어 망 지 설 홍 즉 리 기 중

螳螂之貪雀又乘其後
당 랑 지 탐 작 우 승 기 후

機裡藏機變外生變
기 리 장 기 변 외 생 변

智巧何足恃哉
지 교 하 족 시 재

물고기를 잡는 그물에 기러기가 걸리고

사마귀가 매미를 탐낼 때 참새도 그 뒤에서 노리는 법이다.

계략 속에 계략이 있고 생각지 않은 이변 외에 다른 이변이 일어나니

지략과 기교를 어찌 믿을 수 있겠는가.

사람은 늘 자기 재주를 뽐내서는 안 된다. 재주를 뽐내는 일이 자기 올무가 될 수 있다. 사람의 재주가 대단한 것 같지만 때로는 사소한 우연보다 못한 경우가 많다. 아주 진지하게 고민하여 창안한 아이디어는 쓰레기통으로 가는데, 장난스럽게 던진 아이디어가 대박인 경우도 있다. 또한 쥐를 잡기 위해 놓은 덫에 꿩이 걸리는 우연도 있다. 자신의 계략이 대단한 것 같으나 등 뒤에서 그 계략을 넘어서는 계략이 노리고 있을지도 모른다.

자신이 아무리 영리하고 능력이 있다고 해도 그 지략과 기교를 자신해선 안 된다. 다 이루었다고 생각하는 순간에 상황이 역전되는 예는 얼마든지 있다.

64 본래의 마음 찾기

水不波則自定
수 불 파 즉 자 정

물결이 일지 않으면 물은 저절로
가만히 있고

鑑不翳則自明
감 불 예 즉 자 명

거울은 먼지가 끼지 않으면 저절로
밝은 것이므로

故心無可淸
고 심 무 가 청

일부러 마음을 맑게 할 것이 없고

去其混之者而淸自現
거 기 혼 지 자 이 청 자 현

혼탁함을 버리면 저절로 맑아진다.

樂不必尋
낙 불 필 심

즐거움은 굳이 찾을 필요가 없으니

去其苦之者而樂自存
거 기 고 지 자 이 락 자 존

고통을 버리면 즐거움은 저절로
있는 것이다.

물의 본질은 가만히 머물러 있는 것이며, 고요한 것이다. 물이 움직여 물결을 일으키는 것은 바람이 일어 물을 흔들어대기 때문이다. 거울은 원래 맑아서 사물을 비춘다. 그런데 거울이 흐려지는 것은 없던 먼지가 날아와 거울에 붙기 때문이다.

우리의 마음도 원래는 맑아서 혼탁한 생각만 버린다면 저절로 맑아질 것이다. 또한 우리 마음은 원래 즐거워서 노래를 부르도록 되어 있다. 그런데 우리 마음이 고통스러운 것은 마음에 고통을 불러왔기 때문이다. 마음을 잘 지키기만 하면 우리는 늘 맑고 즐거운 마음으로 살 수 있다.

65 소중한 선택

有一念而犯鬼神之禁
유 일 념 이 범 귀 신 지 금

一言而傷天地之和
일 언 이 상 천 지 지 화

一事而釀子孫之禍
일 사 이 양 자 손 지 화

最宜切戒
최 의 절 계

한 번의 생각으로 귀신의 금계를 범하고

한 마디 말로 천지의 조화를 깨뜨리며

한 가지 일로 자손의 재앙을 빚을 수 있으니

마땅히 바로잡아 경계해야 한다.

한 번의 잘못된 선택으로 인생 전체가 망가질 수 있으며, 한 번의 잘못된 생각으로 계획한 일이나 진행하던 일을 망칠 수 있다. 그리고 말 한 마디 잘못하여 커다란 분쟁을 일으킬 수도 있다. 다정하던 부부가 결별하는 데에도 한 마디 말이 불씨가 되는 경우가 많으며, 인류사의 크고 작은 전쟁도 말 한 마디에서 비롯된 경우가 많다.

한 번의 생각, 한 마디 말, 한 번의 선택, 이런 것들이 별것 아닌 것 같으나 우리 삶 전체에 파급된다. 말 한 마디라도 조심하고, 생각 하나도 조심해서 해야 하며, 아주 신중하게 선택해야 한다.

66 덕이 있는 가정

德者事業之基
덕 자 사 업 지 기

未有基不固
미 유 기 불 고

而棟宇堅久者
이 동 우 견 구 자

덕이란 것은 사업의 기초이다.

기초가 튼튼하지 않고서

그 집이 오래 간 일은 이제까지 없었다.

덕이 있는 가정은 무너지지 않고, 덕이 있는 사회는 흔들리지 않으며, 덕으로 다스리는 국가는 망하지 않는다. 덕은 사람이 살아가는데 중요한 토대이다. 이 덕이 사라지면 모든 것이 모래 위에 지은 누각과 같다. 따라서 덕이 없는 가정은 작은 고난에도 깨지고, 덕이 없는 나라는 외부에서 조금만 부딪쳐도 망할 수 있다. 가정이든, 국가든 덕을 기본으로 하는 토대 위에 세워야 오래가는 법이다.

욕심의 한계를 정하기

前人云抛却自家無盡藏
전 인 운 포 각 자 가 무 진 장

옛사람이 말했다. "무한한 자신의 재물은 버려두고

沿門持鉢效貧兒
연 문 지 발 효 빈 아

밥그릇을 들고 남의 집 대문을 찾아다니며 거지를 흉내 낸다."

又云暴富貧兒休說夢
우 운 폭 부 빈 아 휴 설 몽

또 말하기를, "갑자기 부자가 된 가난뱅이야, 꿈 얘기는 그만해라.

誰家竈裡火無烟
수 가 조 리 화 무 연

어떤 이의 부엌이든 불을 때면 연기가 나지 않는가."라고 했다.

一箴自眛所有
일 잠 자 매 소 유

하나는 자신이 갖고 있는 것에 대한 어두움을 경계함이고,

一箴自誇所有
일 잠 자 과 소 유

다른 하나는 자신의 것을 자랑함을 경계하는 것이므로

可爲學問切戒
가 위 학 문 절 계

이 두 가지를 학문을 위한 간절한 훈계로 삼아야 한다.

사람의 욕심은 한이 없다. 아홉 개를 가지고 있으면 하나를 더 보태 열 개를 만들고 싶고, 열 개를 가지고 나면 스무 개를 가지고 싶어 한다. 욕심 때문에 자기보다 가난한 사람의 것까지 넘보는 것이다.

시집살이를 혹독하게 한 며느리가 시어머니가 되면 더 악독하게 며느리를 다루는 것처럼, 가난하던 사람이 부자가 되면 더 부자 행세를 하려고 한다. 자신의 부를 자랑하려고 더욱 애쓰는 것이다.

부자라고 열 끼를 먹는 것은 아니다. 부자와 빈자의 다른 점은 나눔의 차이밖에 없다. 나눔은 주는 이의 마음을 기쁘게 하고, 받은 이에게도 기쁨을 준다. 그러므로 나눔은 마음까지도 부자로 만들어 주는 것이다.

68 좋은 우정 유지하기

遇故舊之交意氣要愈新
우 고 구 지 교 의 기 요 유 신

處隱微之事心迹宜愈顯
처 은 미 지 사 심 적 의 유 현

待衰朽之人恩禮當愈隆
대 쇠 후 지 인 은 례 당 유 륭

옛 친구를 만났을 때에는 마음을 새롭게 가져야 하고

은밀한 일이 생겼을 때에는 마음자리를 마땅히 더욱 새롭게 가져야 하며

운수가 쇠한 사람을 만났을 때에는 은혜와 예우가 더욱 극진해야 한다.

옛 친구를 만나면 지난 시절의 친구로 대할 것이 아니라 새로운 마음으로 대해야 한다. 헤어져 있는 시간 동안 각자 나름대로 성장해 왔으므로 이전과 같은 감정에 머물러 있지도 않고, 이전만큼의 능력의 차이도 없다. 이전에 무능했던 친구가 지금은 유능해졌을 수도 있고, 그 반대일 수도 있다. 그러므로 무시하지도 말고 주눅들지도 말며 지금 상황에서 새롭게 우정을 시작해야 한다.

전에는 올려보았던 친구라고 지금 그렇게 대하면 부담스러운 관계일 수밖에 없으므로 그저 친구로 대하면 될 일이다. 지금은 쇠락한 친구가 있다면 옛날을 들춰내어 무안하게 만들지 말고 진실한 마음으로 보듬어줄 수 있어야 한다.

69 연습 없는 인생

憑意興作爲者
빙 의 흥 작 위 자

隨作則隨止
수 작 즉 수 지

豈是不退之輪
기 시 불 퇴 지 륜

從情識解悟者
종 정 식 해 오 자

有悟則有迷
유 오 즉 유 미

終非常明之燈
종 비 상 명 지 등

일시적인 생각으로 하는 일은

일을 하자마자 곧 멈추게 되니

어찌 쉬지 않고 굴러가는 수레바퀴가 아닌가.

감정으로 알게 된 일시적인 지식을 좇는 것은

깨달은 순간에 곧바로 헤매게 되니

영원히 빛나는 밝은 지혜에 이르지 못한다.

우리 인생에 연습은 없다. 모든 일은 실전이다. 무슨 일을 시작하든 그 일은 실전이다. 그 일을 시작했다가 실패하면 고스란히 손해를 보아야 하고, 그 손해는 저절로 보충되지 않는다. 그러므로 무슨 일을 하든 즉흥적인 생각으로 시작해서는 안 되며, 주도면밀하게 계획하고 일을 시작해야 한다.

한 가지 일을 시작하고 마무리하는 것으로 우리 인생이 끝나는 것이 아니라 다른 일의 연속으로 이어지는 것이 인생이다. 또한 쉽게 얻은 정보나 지식이 참된 것인지도 면밀하게 살펴봐야 한다. 그릇된 지식이나 정보를 가지고 그것을 드러내려 했다면 자칫 톡톡히 창피만 당할 수 있기 때문이다.

약한 사람을 존중하기

爲鼠常留飯
위 서 상 류 반

쥐를 위하여 늘 밥을 남겨 놓고

憐蛾不點燈
연 아 부 점 등

나방을 불쌍히 여겨 등불을 켜지 않는다 했으니

古人此等念頭
고 인 차 등 념 두

옛사람의 이런 자비심은

是吾人一點生生之機
시 오 인 일 점 생 생 지 기

인간을 나고 자라게 하는 한 가지 작용이다.

無此便所謂土木形骸而已
무 차 변 소 위 토 목 형 해 이 이

이런 마음이 없다면 곧 흙과 나무처럼 정이 없는 형체뿐이다.

소동파는 그의 시에서 "쥐를 위해 항상 밥을 남겨 두고, 부나비가 타죽는 것을 불쌍히 여겨 불을 켜지 않는다."고 노래했다. 그는 인간이 혐오하는 것까지 사랑하고 관심을 두었던 것이다. 이러한 측은지심이 있어야 인간이다.

사람에게 이런 인정이 없다면 여타의 동물과 다를 바 없다. 오히려 동물만도 못한 것이다. 인간에게 이런 인정이 있어서 가정이 유지되고, 사회가 굳건히 서고 국가가 지탱될 수 있는 것이다. 자기보다 약한 자를 존중하고 보살펴 주고 싶은 심정이 이 사회를 지탱하는 힘이 된다.

사람의 성격에 따라 대하는 요령

遇欺詐的人
우 기 사 적 인

속이는 사람을 만나면

以誠心感動之
이 성 심 감 동 지

마음을 다하여 감동시키고,

遇暴戾的人
우 폭 려 적 인

포악하여 도리에 어긋난 사람을 만나면

以和氣薰蒸之
이 화 기 훈 증 지

따뜻한 기운으로 그것을 사라지게 하며,

遇傾邪私曲的人
우 경 사 사 곡 적 인

마음이 올바르지 않고 사리사욕만 탐하는 사람을 만나면

以名義氣節激勵之
이 명 의 기 절 격 려 지

명예와 의리와 기개와 절조를 격려하여 인도해야 한다.

天下無不入我陶冶中矣
천 하 무 불 입 아 도 야 중 의

그러면 천하에 도공이 질그릇과 쇠그릇을 만들듯 내게 오지 않는 이가 없다.

사람의 성정은 각기 달라서 그들을 교육하고, 훈계하는 방법도 달라야 한다. 어떤 사람은 그다지 언질을 주지 않아도 제 할 일을 잘 찾아서 하며, 제대로 예의를 갖출 줄 안다. 그러한 사람들을 대하는 데는 그다지 문제가 없다. 그런데 속이기를 즐기는 사람이 있다. 그 사람에게 속이지 말라고 다그친다고 해서 습관이 없어지지 않는다. 그런 사람은 진심으로 감동시키는 수밖에 없다.

성격이 포악하고 도리에 어긋나는 짓을 일삼는 사람이 있다. 그런 사람을 대할 때는 같은 폭력으로 대하거나 윽박질러선 오히려 역작용이 생긴다. 그런 사람은 따뜻한 사랑으로 마음을 감싸 녹여 주어야 한다. 사리사욕만을 탐하는 사람이 있다면, 사리사욕보다 가치 있는 것이 명예이며, 기개이며, 절제라는 것을 깨우치도록 이끌어야 한다.

그렇게 사람에 따라 달리 대하면 어떤 사람이라도 나와 맞지 않는 이가 없는 것이다.

물력을 남용하지 않기

不昧己心 내 마음을 물욕으로 어둡게 하지 말고
불 매 기 심

不盡仁情 남에게 박정하지 말고
부 진 인 정

不竭物力 물력을 다 쓰지 말아야 한다.
불 갈 물 력

三者可以爲天地立心 이 세 가지는 세상을 위해서는
삼 자 가 이 위 천 지 립 심 마음을 세우고

爲生民立命 백성을 위해서는 생명을 세우고
위 생 민 립 명

爲子孫造福 자손을 위해서는 복을 만드는 일이다.
위 자 손 조 복

물질에 대한 욕심을 갖기 시작하면 마음은 어두워지기 시작한다. 물질을 충분히 가지면 세상에서 안 될 것이 없다는 생각이 들 수 있다. 그러다보면 오히려 물질의 노예가 되어 인간다운 삶을 누리지 못하게 된다. 물력을 얻었다 하여 그 물력으로 남을 괴롭혀선 안 된다. 사람의 마음은 간사하여 힘을 얻으면 그 힘을 이용하고 싶어진다. 그러므로 지나친 물질의 욕심을 가지는 것을 경계해야 하며, 그 물질을 함부로 낭비하지도 말고, 그 힘으로 남을 괴롭혀도 안 될 일이다. 물질이란 잘 쓰면 복이 되지만 잘못 쓰면 화로 변한다.

좋은 생각을 마음에 채우기

縱欲之病可醫
종 욕 지 병 가 의

사욕으로 방종함은 고칠 수 있지만

而執理之病難醫
이 집 리 지 병 난 의

이론에 집착하는 병은 고치기 힘들고,

事物之障可除
사 물 지 장 가 제

사물에 매인 장애는 없앨 수 있지만

而義理之障難除
이 의 리 지 장 난 제

도리에 매인 장애는 없애기 힘들다.

보이는 것에 집착하는 병을 고치기는 어렵지 않으나, 보이지 않는 그 무엇에 집착하는 것을 말리기는 참으로 어렵다. 사적인 욕심이 많은 사람에게 그것이 잘못되었음을 알려 주면 그 행동을 멈출 수가 있다. 하지만 자기가 옳다고 생각하는 이론이나 사상에 빠져든 사람에게는 아무리 다른 이론을 제시해도 자기의 입장을 바꾸지 않는다. 따라서 사상이나 이론처럼 바꾸기 어려운 것도 없다.

　마찬가지로 어떤 사물에 의한 장애를 없애는 것은 가능한 일이지만 도리에 매인 장애를 없애기란 어려운 것이다. 그러므로 잘못된 생각이 정신을 지배하지 못하도록 경계해야 한다.

# 뒤에서 습격하는 적을 경계하기

讒夫毁士如寸雲蔽日
참 부 훼 사 여 촌 운 폐 일

不久自明
불 구 자 명

媚子阿人似隙風侵肌
미 자 아 인 사 극 풍 침 기

不覺其損
불 각 기 손

참소하고 남을 헐뜯는 사람은 작은 구름이 해를 가리는 것과 같아서

오래 가지 않아 스스로 밝아진다.

아첨하는 사람은 틈으로 스며드는 바람이 피부에 스며드는 것과 같아서

그 해로움을 깨닫지 못한다.

살아가면서 경계해야 할 대상은 나를 욕하고 헐뜯는 사람보다 칭찬하고 좋게 말해 주는 사람의 경우가 많다. 나를 욕하는 사람의 중상모략을 듣더라도 그것이 진실이 아니면 언젠가는 밝혀질 것이고, 그렇게 되면 욕을 한 사람이 도리어 피해를 입게 된다.

반면 나를 칭찬하고 잘 대해 주던 사람이 다른 곳에 가서 나를 비난하면 달리 대책이 없다. 요컨대 앞에서 나를 공격하는 적이 무서운 것이 아니라 내 뒤에 숨어서 공격하는 적이 무서운 적이다. 그러므로 나의 편이라고 생각하는 사람들을 오히려 경계해야 실수가 없다.

75 근면한 삶을 살기

日旣暮而猶烟霞絢爛
일 기 모 이 유 연 하 현 란

하루해가 이미 저물었지만 노을은 오히려 아름답고,

歲將晩而更橙橘芳馨
세 장 만 이 갱 등 귤 방 형

한 해가 저물려 하지만 등자(橙子)와 귤이 오히려 향기롭다.

故末路晩年君子更宜精神百倍
고 말 로 만 년 군 자 갱 의 정 신 백 배

그러므로 군자는 삶의 말로인 만년이 되면 다시 정신을 백배나 더 새롭게 해야 한다.

시작을 요란하게 했어도 끝까지 유지하지 못하면 수치스런 일이다. 과정을 중요하게 생각하는 사람은 끝까지 그 과정을 유지해야 아름다운 결실을 맺을 수 있다. 일을 저지르기만 좋아하고 그것을 유지할 의지가 없는 사람은 다른 사람들에게 무안함만 당하게 된다.

성실하고 근면하게 사는 사람의 저녁은 아름답고, 또한 한 해를 마무리 하는 세모의 길목에서는 뿌듯한 마음을 갖게 되며, 그러한 근면함과 성실을 계속 유지하며 산 사람의 말년은 보람 있고 가치 있는 인생을 살았다는 자부심을 갖게 된다.

76 검소함의 미덕

儉美德也
검 미 덕 야

過則爲慳吝爲鄙嗇反傷雅道
과 즉 위 간 린 위 비 색 반 상 아 도

讓懿行也
양 의 행 야

過則爲足恭爲曲謹多出機心
과 즉 위 족 공 위 곡 근 다 출 기 심

검소한 것은 미덕이지만

과하면 인색하고 천박해져 오히려 정도를 상하게 하고,

사양하는 것은 아름다운 행동이지만

지나치게 조심하면 아첨과 비굴이 생겨 꾸미는 마음이 많이 생긴다.

검소한 생활을 하는 것은 바람직하지만 인색하게 사는 것은 덕이 되지 못한다. 자신의 능력 안에서 소비하고, 남이 하는 대로 따라 하는 소비가 아니고 자기 수준에 맞는 소비라면 권장할 일이다. 또한 칭찬이나 상을 누림에 있어서 사양하는 마음은 아름다운 덕이지만, 지나치게 사양하면 그것은 겸손이 아니라 아첨이 되거나 비굴한 일이 되고 만다. 적당한 소비가 사회에 기여하는 미덕이며, 지나치지 않은 겸손이 미덕이 된다는 것을 기억해야 한다.

 **자기 감정에 치우치지 않기**

冷眼觀人冷耳聽語
냉 안 관 인 랭 이 청 어

冷情當感冷心思理
냉 정 당 감 랭 심 사 리

냉정한 눈으로 사람을 보고 냉정한 귀로 말을 들어야 하며,

냉정한 정으로 대하여 느끼고 냉정한 마음으로 도리를 생각해야 한다.

사람을 대할 때 호감을 갖느냐, 반감을 갖느냐에 따라 사람을 보는 눈이 흐트러진다. 그렇게 되면 정확하게 사람을 보지 못한다. 감정에 치우쳐서 객관적으로 볼 수 없게 된다. 또한 듣기 좋은 말은 잘 받아들이고, 듣기 싫은 말은 받아들이지 않게 된다. 이렇게 감정적으로 이야기를 듣다보면 객관적인 판단을 할 수 없다.

무엇을 보기에 앞서 감정을 배제하려고 애써야 하며, 무엇을 듣기 전에 객관성을 유지하려고 애써야 한다.

# 매사에 여유롭게 대처하기

仁人心地寬舒
인 인 심 지 관 서

어진 사람은 마음이 너그럽고 느긋하기 때문에

便福厚而慶長
변 복 후 이 경 장

복이 두터워 경사스런 일이 오래도록 계속되며

事事成個寬舒氣象
사 사 성 개 관 서 기 상

일마다 너그럽고 느긋한 기상을 이룬다.

鄙夫念頭迫促
비 부 념 두 박 촉

천한 사람은 마음이 궁색하고 조급해서

便祿薄而澤短
변 록 박 이 택 단

복이 박하여 자손들의 복이 짧고

事事得個迫促規模
사 사 득 개 박 촉 규 모

일마다 궁색하여 조급한 모양을 이룬다.

인심이 후한 사람은 매사에 여유가 있어 실수하는 일이 드물다. 매사에 서두르지 않으므로 무슨 일이든 꼼꼼히 살피게 되며, 다른 사람들에게도 피해를 주기보다 덕을 베풀 수 있다. 또한 마음이 느긋하여 주변 사람들에게 부담을 주지 않는다. 그래서 인심이 후한 사람은 덕을 얻고 행복하게 살 수 있다. 반면 천박한 사람은 늘 조급하게 굴기 때문에 매사에 실수가 잦고, 주변 사람들을 괴롭게 한다.

덕이 있는 사람은 그 덕으로 점점 복을 받아 행복한 삶을 살고, 천박한 사람은 있던 복까지 잃어 빈한하게 살기 쉽다.

# 마음의 두려움을 없애기

風斜雨急處 要立得脚定
풍 사 우 급 처 요 립 득 각 정

花濃柳艶處 要着得眼高
화 농 류 염 처 요 착 득 안 고

路危徑險處 要回得頭早
노 위 경 험 처 요 회 득 두 조

비바람이 거세게 몰아칠 때에는 다리를 똑바로 하고 서야 하고,

꽃이 만발하고 버들이 고운 곳에서는 눈을 들어 높은 곳을 보아야 하며,

길이 위태롭고 험한 곳에서는 생각을 빨리 바꿔 되돌려야 한다.

사람은 분위기를 잘 타는 동물이어서 때로는 유혹에 잘 넘어간다. 그러므로 어느 상황에서건 분위기에 휩쓸려 실수하지 않도록 노력해야 한다. 상황이 어렵다고 조급해 하거나, 지레 겁을 먹으면 될 일도 되지 않는다. 이미 마음에 두려움이 들어오면 무능력해질 수밖에 없다. 용기를 내면 할 수 있는 일도 두려워하면 그 일을 할 수 없게 되는 것이다. 또한 즐거운 곳에 가면 아름다운 유혹에 넘어가기 쉬우므로 지금 처한 상황 이후에 있을 일을 미리 예상함으로써 그 위기를 넘겨야 한다.

　인생은 잘 살면 평탄한 길이 될 수도 있지만 자칫 잘못 생각하면 자신의 인생을 지뢰밭으로 만들 수도 있다.

# 위선적인 마음 버리기

大人不可不畏
대 인 불 가 불 외

대인을 두려워하라.

畏大人則無放逸之心
외 대 인 즉 무 방 일 지 심

대인을 두려워하면 방탕한 마음이 쫓겨 달아난다.

小民亦不可不畏
소 민 역 불 가 불 외

소인도 역시 두려워하라.

畏小民則無豪橫之名
외 소 민 즉 무 호 횡 지 명

소인을 두려워하면 거만하고 횡포한 이름이 없어진다.

존경받을 만한 사람이 있다면 당연히 그를 존경하는 마음을 가져야 한다. 그럼에도 우리는 때로 자기보다 나은 사람, 칭송을 듣는 사람을 보면 시기하고 질투하는 일이 많다. 이렇게 존경할 사람을 진심으로 존경하면 마음에 방탕한 마음이 달아나고 존경할 사람을 배우려 애쓰게 된다. 또한 덕이 없는 천박한 사람한테도 배울 것은 배워야 한다. 그런 사람을 통해 오만한 마음과 위선적인 마음을 물리치는 계기로 삼아야 한다.

81 들뜬 마음일수록 조심하기

不可乘喜而輕諾
불 가 승 희 이 경 락

기쁨에 들뜬 마음으로 쉽게 승낙하지 말고,

不可因醉而生嗔
불 가 인 취 이 생 진

술에 취한 기분에 성내지 말고,

不可乘快而多事
불 가 승 쾌 이 다 사

유쾌함에 들떠 일을 많이 만들지 말고,

不可因倦而鮮終
불 가 인 권 이 선 종

피곤하다 하여 마치기 전에 그만두지 말라.

일이 잘 되거나 마음이 기쁠 때에는 기분이 들떠서 판단이 흐려지기 쉽다. 그러므로 중요한 결정을 할 때는 들뜬 마음이 가라앉은 다음에 하는 것이 좋다. 또한 기분이 좋고 일이 잘 될 때에는 무엇을 하든 잘 될 것 같은 느낌이 든다. 그래서 일을 많이 벌이는 경우가 있다. 그러면 나중에 그 일들이 제대로 수습되지 않는다.

기분이 좋을수록 한 발 물러서는 여유를 가져야 하며, 또한 기왕 시작한 일은 힘들고 피곤해도 마무리를 짓도록 해야 한다. 시기를 놓치면 그 일은 허사가 될 수 있다.

82 할 말과 하지 말아야 할 말

口乃心之門
구 내 심 지 문

입은 마음의 문이므로

守口不密洩盡眞機
수 구 불 밀 설 진 진 기

입을 단단히 지키지 않으면 진짜 기밀이 모두 새어 나간다.

意乃心之足
의 내 심 지 족

뜻은 마음의 발이므로

防意不嚴走盡邪蹊
방 의 불 엄 주 진 사 혜

뜻을 엄히 막지 않으면 그릇된 길로 달아나버린다.

사람의 마음을 들여다 볼 수는 없다. 그런데 마음을 드러내는 것이 말이다. 말은 마음의 알갱이들이 흘러나오는 것이다. 따라서 입을 함부로 열면 마음속의 추한 알갱이들이나 비밀로 간직해야 할 것까지 흘러나오는 일이 생길 수 있다. 마음의 문을 잘 관리해서 할 말과 해서는 안 되는 말을 구별하여 내보낼 줄 아는 지혜를 가져야 한다. 또한 마음에 품은 뜻은 마음의 발과 같아서 어떤 뜻을 품느냐가 인생을 좌우한다. 그러므로 마음의 뜻을 잘 지켜야 인생을 제대로 살 수 있다.

후집

마음에서 우러나오는 아름다움

鶯花茂而山濃谷艶
앵 화 무 이 산 농 곡 염

꾀꼬리가 울고 꽃이 만발하여 산이 무성하고 골짜기가 아름다워도

總是乾坤之幻境
총 시 건 곤 지 환 경

모두 천지의 거짓 모습이고,

水木落而石瘦崖枯
수 목 낙 이 석 수 애 고

물이 마르고 낙엽이 져서 돌과 벼랑이 메말라 드러나면

纔見天地之眞吾
재 견 천 지 지 진 오

비로소 천지의 참모습을 볼 수 있다.

꽃은 피어 길어야 열흘을 넘기지 못하며, 권력은 10년을 넘기기 어렵다는 말이 있다. 이처럼 본질이 아닌 것은 오래가지 못하고 사그라진다. 겉보기에 아름답고 화려한 것은 보기에는 그럴듯하고 좋은 것 같지만 오래지 않아 본래의 모습이 드러난다.

우리 삶의 모습도 마찬가지로 꾸며서 멋있고 아름다운 것은 오래지 않아 드러나고 만다. 우리가 아름답게 간직해야 하는 본래의 우리 모습은 속 알맹이다. 아무리 겉이 아름다워도 마음이 곱지 않으면 금방 추해지고, 마음의 아름다움은 서서히 겉으로 배어나오는 것이다.

84 깨달음을 얻는 마음자세

得趣不在多
득 취 부 재 다

정취를 얻는 것은 많은 것에 있지 않아

盆池拳石間
분 지 권 석 간

그릇만큼 작은 연못과 주먹처럼 작은 돌 사이에도

煙霞具足
연 하 구 족

자연의 경치가 충분히 갖춰져 있다.

會景不在遠
회 경 부 재 원

아름다운 경치는 먼 곳에 있는 것이 아니므로

蓬窓竹屋下
봉 창 죽 옥 하

쑥대 무성한 창과 대나무로 지은 집 아래에도

風月自賖
풍 월 자 사

시원한 바람과 밝은 달은 스스로 한가로이 찾아든다.

분주하게 여기저기 많이 돌아다닌다고 해서 자연의 아름다움을 만끽하는 것은 아니다. 많이 보는 것은 눈에 있으나 진실을 보는 것은 마음에 있다. 진실을 보는 눈이 있다면 작은 모래 한 알에서도 온 세상을 볼 수 있다.

수많은 책을 읽었다고 해서 세상의 이치를 많이 깨닫는 것이 아니다. 깨달음이란 마음 자세에 달려 있다. 단 한 줄의 글을 읽고도 만고의 진리를 깨달을 수 있기 때문에 무엇을 하든 마음의 자세가 가장 중요하다.

85 자연에서 듣는 지혜의 소리

人解讀有字書
인 해 독 유 자 서

사람이 글자가 씌어 있는 책은 읽을 줄 알지만

不解讀無字書
불 해 독 무 자 서

글자가 없는 책은 읽을 줄 모르고,

知彈有絃琴
지 탄 유 현 금

줄이 있는 거문고는 탈 줄 알면서

不知彈無絃琴
부 지 탄 무 현 금

줄이 없는 거문고는 탈 줄 모른다.

以跡用不以神用
이 적 용 불 이 신 용

형체가 있는 것만 쓸 줄 알고 정신을 쓸 줄 모른다면

何以得琴書之趣
하 이 득 금 서 지 취

어찌 거문고와 책의 참 맛을 알 수 있겠는가!

우주의 가장 위대한 진리는 위대한 학자들이 써놓은 책 속에 있을 것 같지만 가장 위대한 진리는 자연에 있다. 세상의 진리라고 말하고 기록한 모든 것들은 자연에서 모방한 것들이기 때문이다. 요컨대 글자가 씌어 있는 것이 책이지만 자연은 글자가 없는 책이다. 글자 없는 책, 자연을 읽어내는 사람이 더 현명한 사람이다.

세상의 악기들이 아름다운 소리를 내지만 보이지 않는 악기인 자연은 이보다 더 아름다운 소리와 진리가 담긴 소리를 들려준다. 그런데 사람들은 눈으로 볼 수 있는 책과 눈에 보이는 악기만 있는 것으로 생각하고 진정으로 진리가 담겨 있는 자연의 노래를 들을 줄 몰라서 참다운 진리를 발견하지 못한다.

86 긍정적인 마음 갖기

山河大地已屬微塵
산 하 대 지 이 속 미 진

산하와 대지도 이미 작은 티끌이거늘

而況塵中之塵
이 황 진 중 지 진

하물며 티끌 속의 티끌이야.

血肉身軀且歸泡影
혈 육 신 구 차 귀 포 영

사람의 몸 또한 물거품과 그림자로 돌아가거늘

而況影外之影
이 황 영 외 지 영

하물며 그림자 밖의 그림자이랴.

非上上智無了了心
비 상 상 지 무 료 료 심

아주 높은 지혜가 아니면 환히 깨닫는 마음도 없다.

우리가 위대한 것으로 여기는 세상의 건축물들도 신의 경지에서 보면 아주 보잘 것 없는 티끌에 불과하다. 우리는 그 티끌 속의 티끌에 불과할 만큼 미약한 존재이다. 이러한 사실을 깨닫는다면 우리 인간이 얼마나 부조리하고 보잘 것 없는 존재인지 알게 될 것이다. 잠시 있다가 사라지는 안개와 같은 것이 우리 인생인데도 우리는 영원히 살 것처럼 자기 욕심을 위해 다른 사람들을 해치면서 살아간다. 한번밖에 살 수 없는 인생을 이처럼 헛되이 살 수는 없는 것이다.

물리적인 시계로 재면 시간은 정확하게 흘러간다. 하지만 그 시간을 어떻게 의미 있게 보내느냐는 마음에 달려 있다. 어떤 이에겐 시간이 아주 더디게 가지만 어떤 이에게는 아주 빨리 지나간다. 할 일 없이 시간만 보내는 사람은 하루가 천년처럼 지루하지만, 할 일이 많은 사람은 하루가 한 시간도 안 되는 것처럼 빨리 지나간다.

우리가 마음먹기에 따라 시간은 짧기도 하고 빠르기도 하며, 공간이라는 것도 우리의 마음에 따라 넓기도 하고 좁기도 하다. 우리 마음에 품은 뜻이 원대하면 작은 공간도 넓어지고, 시간도 의미 있게 흘러간다.

87 세상을 아름답게 보는 마음의 눈

延促由於一念
연 촉 유 어 일 념

寬窄係之寸心
관 착 계 지 촌 심

故機閒者一日遙於千古
고 기 한 자 일 일 요 어 천 고

意廣者斗室寬若兩間
의 광 자 두 실 관 약 양 간

세월이 길고 짧은 것은 한 순간 생각에 달려 있고,

공간이 넓고 좁은 것도 마음에 달려 있다.

마음이 한가로운 사람에게는 하루가 천년보다 길고,

뜻이 넓은 사람에게는 아주 작은 방도 하늘과 땅 사이만큼 넓다.

우리가 물욕을 가지고 있으면 모든 것이 욕심의 대상으로 보인다. 꽃의 아름다움은 보이지 않고 돈으로 보이며, 멋진 바위도 자연의 아름다움보다는 얼마짜리 돈으로 보일 뿐이다.

  욕심이 있는 한 매사에 여유가 없고 마음은 초조하기만 하다. 욕심은 끝이 없어 한없이 일어난다. 지나친 욕심은 패가망신의 지름길인 것을 명심해야 하고, 욕심을 비워야 자연이 자연답게 다가와 마음이 여유롭고 풍요로워진다.

88 자연을 마음에 품기

損之又損栽花種竹
손 지 우 손 재 화 종 죽

욕심을 줄이고 더 줄여 꽃과 대나무를 심으니

儘交還烏有先生
진 교 환 오 유 선 생

오유선생으로 돌아간다.

忘無可忘焚香煮茗
망 무 가 망 분 향 자 명

모든 것 잊고 또 잊어 향을 피우고 차를 끓이니

總不問白衣童子
총 불 문 백 의 동 자

백의동자를 물을 필요가 없다.

세상 욕심을 덜어내어 꽃과 대나무를 심고 풍류를 즐기니 무(無)의 세상이 된다. 또한 세상일을 잊어버리고 향을 피우고 차를 끓여 마시니 백의동자의 술이 필요가 없다.

　세상일에 일일이 신경을 곤두세우면 머리가 복잡하여 피곤하다. 이럴 때는 자연에 취해 있는 것이 신체나 마음 건강에 이롭다. 가끔은 쌓인 피로를 자연 속에서 풀어내야 심신의 건강을 지킬 수 있다.

스스로 흘린 땀의 힘으로 살기

趨炎附勢之禍
추 염 부 세 지 화

권력을 좇고 세력에 기대는 재앙은

甚慘亦甚速
심 참 역 심 속

매우 참혹하고 빠르며,

棲恬守逸之味
서 념 수 일 지 미

고요함에 살고 편안한 맛을 느끼는 것은

最淡亦最長
최 담 역 최 장

가장 맑고 가장 오래간다.

세상에는 권력지향적인 사람들이 많다. 자신이 권력을 갖지 못했다면 권력이 있는 사람에게 붙기를 즐기는 사람도 많다. 그런 사람은 마치 부나비가 불이 좋다고 불로 뛰어드는 것과 같다. 권력은 속성상 적이 많기 때문에 그리 길게 가지 못한다. 권력의 중심에 있다가 떨어지는 사람을 따라 권력에 줄을 대려 했던 사람들도 함께 떨어져 화를 입는다. 권력에 빌붙으려는 사람은 자기 노력보다는 남의 힘에 기대려는 속성이 있기 때문이다.

<u>스스로 땀을 흘리며 살려는 사람은 편안한 삶을 살아갈 수 있다.</u> 그는 순전히 자기 힘으로 살려고 노력하기 때문이다.

가난에서 벗어날 수 있다는 희망

熱不必除而除此熱惱
열 불 필 제 이 제 차 열 뇌

더위를 반드시 없앨 수는 없지만
더위로 괴로운 마음을 없애면

身常在淸凉臺上
신 상 재 청 량 대 상

몸은 항상 시원한 대(臺) 위에 있게 된다.

窮不可遺而遺此窮愁
궁 불 가 견 이 견 차 궁 수

가난을 쫓아낼 수는 없지만 가난을 걱정하는
마음을 쫓아버리면

心常居安樂窩中
심 상 거 안 락 와 중

마음은 항상 안락한 집안에 있게 된다.

날씨가 더울 때 덩달아 덥다고 생각하면 점점 더 더워진다. 이 정도 더위쯤은 별 것 아니라고 생각한다면 한결 더위가 가시고 더위를 즐길 수도 있다.

가난하다고 마음마저 가난하다면 한없이 비참하다. 가난해도 이런 가난쯤은 조금만 부지런히 살면 벗어날 수 있다는 희망을 가지면 머지않아 가난에서 벗어나 풍요로운 삶을 살 수 있을 것이다.

# 깊이 흐르는 물소리

水流而境無聲
수 류 이 경 무 성

물이 흐르는 곳에서도 소리가 나지 않고

得處喧見寂之趣
득 처 훤 견 적 지 취

시끄러운 곳에서도 고요한 맛을 얻고

山高而雲不碍
산 고 이 운 불 애

산이 높아도 구름을 막지 않으니

悟出有入無之機
오 출 유 입 무 지 기

유(有)에서 무(無)로 들어가는 것을
깨달아야 한다.

깊이 흐르는 물은 그 소리가 크지 않고도 멀리 흐른다. 사람도 이와 같이 진정 속이 깊은 사람은 큰 소리를 내지 않는다. 도랑물이 소리가 요란한 것처럼 속이 깊지 못하고 조금 아는 사람이 큰 소리를 내는 법이다.

산이 아무리 높아도 구름이 거기에 부딪혀 오도 가도 못하는 것이 아니라 자유롭게 떠다니는 것처럼 깊이 있는 사람은 어떤 시련 앞에서도 굴복하거나 두려워하지 않는다. 이 세상에서 거침없이 자유로운 마음으로 살려면 깊이 있는 내공을 길러야 한다.

세속에 물들지 않는 마음

出世之道卽在涉世中
출 세 지 도 즉 재 섭 세 중

세속에서 나가는 길은 곧 세상을 건너는
중간에 있으므로

不必絶人以逃世
불 필 절 인 이 도 세

반드시 세상 사람들과 절교하고 세상에서
도망쳐야 하는 것은 아니다.

了心之功卽在盡心內
요 심 지 공 즉 재 진 심 내

마음을 깨닫는 일은 곧 마음을 다하는 것에
있으므로

不必絶欲以灰心
불 필 절 욕 이 회 심

반드시 마음의 욕심을 끊어 식은 재처럼
그럴 필요는 없다.

세속적인 사람이 되지 않는다는 것이 꼭 세상을 벗어나 사는 것은 아니다. 우리는 모두 세상을 벗어나 살 수 있는 존재가 아니다. 사람이 싫어도, 우리가 사람인 이상 사람들 속에서 그들과 어울려 살아야 한다. 세상 사람들과 교류를 끊고 세상에서 도망치는 것이 세속을 벗어나는 것은 아니다.

세상에서 사람들과 관계를 맺으면서도 자신의 마음을 다잡으며 사는 것이 세속에 물들지 않는 것이다. 마음에 일고 있는 물욕이나 정신적인 욕심을 버리고 세상을 극복하면서 사는 삶이 세속적인 삶을 벗어나는 일이다. 세상에 물듦과 물들지 않음의 차이는 겉모습에 있는 것이 아니라 마음에 달려 있는 것이다.

93 보통사람의 행복

多藏者厚亡
다 장 자 후 망

많이 갖고 있는 사람은 잃을 것도 많기 때문에

故知富不如貧之無慮
고 지 부 불 여 빈 지 무 려

부자는 가난한 사람이 걱정 없음만
못함을 알아야 한다.

高步者疾顚
고 보 자 질 전

높은 데서 걷는 사람은 넘어지는 것도
빠르기 때문에

故知貴不如賤之常安
고 지 귀 불 여 천 지 상 안

귀한 사람은 하찮은 사람이 항상 편안함만
못함을 알아야 한다.

세상에서 많이 가진 사람은 그만큼 지켜야 할 것이 많기 때문에 고민도 크기 마련이다. 가진 것이 많은 만큼 돌봐야 할 대상도 그만큼 많아 피곤하다. 이럴 때에는 적게 가진 사람이 오히려 편안하다. 지킬 것도 없고, 가진 것도 없으니 지키고자 하는 고민이 적은 것이다.

지위가 높은 사람은 지위를 지키기 위해 더욱 근심하고, 경계할 대상이 많으므로 걱정도 많은 것이 당연하다. 그러나 지킬 만한 지위가 없다면 그 자리에서 열심히 살면 될 뿐 걱정도 없다. 명예가 있는 사람은 그 명예를 유지하기 위해 행동 하나, 말 한 마디에도 신경을 써야 한다.

편안하고 행복한 삶은 많이 가진 자, 지위가 높은 자, 명예 있는 자가 많이 누리는 것이 아니다. 평범하게 살면서도 더 많은 것을 누릴 수 있다.

소박한 생활에서 얻는 행복

有一樂境界
유 일 락 경 계

즐거운 경지가 하나 있으면

就有一不樂的相對待
취 유 일 불 락 적 상 대 대

다른 괴로운 경지가 하나 있어 대립되고,

有一好光景
유 일 호 광 경

하나의 좋은 경치가 있으면

就有一不好的相乘除
취 유 일 불 호 적 상 승 제

다른 나쁜 경치가 있어 서로 상쇄되므로

只是尋常家飯素位風光
지 시 심 상 가 반 소 위 풍 광

다만 늘 먹는 밥처럼 소박한 생활이야말로

纔是個安樂的窩巢
재 시 개 안 락 적 와 소

오직 안락한 보금자리이다.

사람이 살다 보면 괴로운 일을 겪게 된다. 그러나 괴로운 일이 있다고 하여도 모든 일상이 괴로운 것이 아니다. 생각해보면 괴로운 날은 잠깐이고, 즐거운 날이 훨씬 더 많다. 좋은 것이 있다고 항상 좋은 것만 갖고 살 수는 없다. 다만 우리가 소중히 생각지 못하는 공기나 물을 마시듯 소박하게 생활한다면 그것이 바로 따뜻한 보금자리임을 깨달아야 한다.

# 처음 순간을 떠올리기

魚得水逝而相忘乎水
어 득 수 서 이 상 망 호 수

鳥乘風飛而不知有風
조 승 풍 비 이 부 지 유 풍

識此可以超物累
식 차 가 이 초 물 루

可以樂天機
가 이 락 천 기

물고기는 물을 얻어 헤엄치지만
물을 잊어버리고,

새는 바람을 타고 날지만 바람이
있다는 것을 모른다.

이것을 안다면 가히 사물의 얽매임에서
벗어날 수 있고,

천기를 즐길 수 있다.

낯설게 여겨지던 것에 익숙해지면, 그것은 곧 특별한 무엇이 아니라 일상처럼 변한다. 익숙해진 것들에 생각이 머무르는 적은 없다. 일상은 그 자체가 자신의 일부로 체화되어 있기 때문이다. 하지만 일상화되어 무의식적으로 받아들이는 것도 가끔 낯설게 바라볼 필요가 있다. 이렇게 처음의 마음을 잊지 않고 살아간다면 삶의 진실과 진리를 더 쉽게 발견할 수 있다. 항상 처음의 마음으로 돌아갈 수는 없지만 가끔 처음 그 순간을 떠올리는 여유를 가질 수 있다면 그는 행복한 삶을 누릴 수 있다.

인생이란 장거리 경주

伏久者飛必高
복구자비필고

오래 엎드린 새는 반드시 높이 날고,

開先者謝獨早
개선자사독조

먼저 핀 꽃은 홀로 일찍 시든다.

知此可以免蹭蹬之憂
지차가이면층등지우

이것을 알면 실족의 근심을 면할 수 있고,

可以消躁急之念
가이소조급지념

조급한 생각을 없앨 수 있다.

성공이 남들보다 늦었다고 초조해할 필요는 없다. 앞선 기회를 놓쳤다고 후회할 필요도 없다. 늦은 동안에도 자기 삶을 충실히 살았다면 늦은 것이 아니다. 일찍 피어난 꽃은 별다른 시련 없이 피었으므로 쉽게 진다. 늦은 만큼 그 시련을 교훈으로 삼는다면 오히려 다른 사람들보다 더 빨리 갈 수도 있고, 오래도록 그 성공을 유지할 수 있다.

인생은 단거리 경주가 아니라 장거리 경주이므로 조급해하지 않고 유유히 달려간다면 앞지르지 못할 이유가 없고, 조금 늦게 출발했다고 초조해할 이유가 없다. 지금부터 어떻게 달려가느냐가 중요한 것이다.

물질에 집착하지 않는 마음

試思未生之前有何象貌
시 사 미 생 지 전 유 하 상 모

又思旣死之後作何景色
우 사 기 사 지 후 작 하 경 색

則萬念灰冷一性寂然
즉 만 념 회 랭 일 성 적 연

自可超物外遊象先
자 가 초 물 외 유 상 선

이 몸이 태어나기 전에는 어떤 모습이었을까
생각해 보고,

이 몸이 죽은 후에는 어떤 모습일까
생각해 보라.

그러면 모든 생각이 식은 재처럼
본성만이 고요하게 남아

저절로 만물을 초월하여
절대경에서 노닐 수 있다.

우리는 태어나기 전의 상태를 전혀 기억하지 못한다. 어떻게 해서 이 세상에 오게 된 것인지 전혀 모른다. 아기가 되면서 자기 존재를 인식할 뿐이다. 우리가 죽은 후에 어떤 모습일지 생각해 보면 그려지는 모습만 있을 뿐 실제는 보이지 않는다. 세상의 기준으로 보면 무에서 왔다가 무로 돌아간다는 것밖에 알 수 없다. 결국 눈에 보이는 실체는 무에서 무로 돌아가고 본성만 남을 뿐이다.

그래서 보다 가치 있게 살려면 보이는 것에 집착하기 보다는 보이지 않는 본성을 어떻게 올바로 지켜갈 것인가가 중요하다. 자신의 본성인 마음을 제대로 간직하는 것이 참다운 삶을 사는 일이다.

98 끝까지 포기하지 않는 의지

繩鋸木斷水適石穿
승 거 목 단 수 적 석 천

새끼줄로 톱질을 해서 나무를 자르고 물방울이 돌을 뚫듯이

學道者須加力索
학 도 자 수 가 역 색

도를 배우는 사람은 모름지기 더욱 힘써 구해야 하고,

水到渠成瓜熟蒂樂
수 도 거 성 과 숙 체 락

물이 모여 도랑을 이루고 오이가 익으면 꼭지가 떨어지듯이

得道者一任天機
득 도 자 일 임 천 기

도를 얻으려는 사람은 오로지 하늘에 맡겨야 한다.

"빗방울이 바위를 뚫는다."는 말이 있듯이 무슨 일이든 꾸준히 하면 이루지 못할 일이 없다. 그것이 가장 중요한 도라고 할 수 있다. 무슨 일이든 시작해서 얼마간 하다가 안 되면 포기하기 때문에 일이 이뤄지지 않는 것이지, 꾸준히 계속하면 이룰 수 있는 것이다. 사람이 해야 할 일은 꾸준히 자기 일을 충실히 하면서 이뤄지기를 기다리면 되는 것이다. 하지도 않으면서 뭔가에 기대를 하는 것처럼 어리석은 일도 없다.

보자기는 펼쳐 놓아야 무엇이든 싸서 담을 수 있고, 손을 내밀어야 무엇이든 잡을 수 있듯이 무슨 일이든 노력하면 세월이 해결해 주는 것이다.

적당한 삶과 휴식

人生太閒則別念竊生
인 생 태 한 즉 별 념 절 생

太忙則眞性不現
태 망 즉 진 성 불 현

故士君子不可不抱身心之憂
고 사 군 자 불 가 불 포 신 심 지 우

亦不可不耽風月之趣
역 불 가 불 탐 풍 월 지 취

사람은 너무 한가하면 모르는 사이에 잡념이 생겨나고,

너무 바쁘면 진실한 마음의 본성이 나타나지 않는다.

그러므로 군자는 몸과 마음에 근심을 품지 않을 수 없고,

청풍명월의 맛을 느끼지 않을 수 없다.

사람에겐 적당한 일과 휴식이 주어져야 제대로 된 삶을 살 수 있다. 너무 한가하면 쓸데없는 생각이 떠올라 좋은 생각을 유지하기 어렵다. 어느 정도의 긴장이 있어야 건설적인 생각을 하게 된다. 반면 지나치게 바쁘게 살면 생각할 여지가 없어서 자기 존재의 가치조차 모르고 살게 된다.

너무 한가해도 안 되지만 지나치게 일이 많으면 인간다운 삶을 살기 어렵다. 물론 너무 바빠도 곤란하다. 적당한 긴장을 유지할 수 있을 만큼의 일을 하며 사는 것이 현명하다.

100 능력만큼만 가지려는 소박한 욕심

非分之福無故之獲
비 분 지 복 무 고 지 획

非造物之釣餌卽人世之機阱
비 조 물 지 조 이 즉 인 세 지 기 정

此處著眼不高
차 처 착 안 불 고

鮮不墮彼術中矣
선 불 타 피 술 중 의

분에 넘치는 복과 까닭 없는 이득은

조물주의 낚싯밥이 아니면 곧
인간 세상의 함정이다.

이럴 때 눈을 높이 뜨지 않으면

그 계략 속에 빠져 헤어나기 어렵다.

사람이라면 욕심이 없을 수 없다. 누구나 어느 정도의 욕심은 있게 마련이다. 문제는 분에 넘치는 욕심을 가질 때에 있다. 지나친 욕심은 자신을 무리하게 만들어서 건강에도 좋지 않을 뿐 아니라 정신을 피폐하게 만들 수 있다. 자신이 가져야 할 만큼만 가지려는 마음가짐이 인생을 편안하게 한다.

　제 분수에 넘치는 욕심을 갖게 되면 무리수를 만들어 유혹에 잘 넘어가며, 빠져나올 수 없는 함정에 쉽게 빠져든다. 분수를 지키며 자기 기준을 갖고 살아야 행복한 삶을 살 수 있다.

101 시간의 주인 되기

歲月本長而忙者自促
세 월 본 장 이 망 자 자 촉

세월은 본래 길지만 조급한 사람은 스스로 짧다고 하고,

天地本寬而鄙者自隘
천 지 본 관 이 비 자 자 애

천지는 본래 넓지만 속 좁은 사람은 스스로 좁다고 한다.

風花雪月本閒
풍 화 설 월 본 한

바람, 꽃, 눈과 달은 본래 한가롭지만

而勞攘者自冗
이 노 양 자 자 용

바쁜 사람은 스스로 분주하다.

시간의 길이는 누구에게나 같다. 같은 시간이 주어져도 어떤 사람은 늘 바쁘게 살고, 어떤 사람은 여유 있게 산다. 시간은 붙들어 맬 수도 없고, 잡아 둘 수도 없다. 그저 흘러갈 뿐이다. 그렇다고 바쁘게 살면 늘 시간에 쫓겨서 더 바빠진다. 자전거 페달을 밟으면 밟을수록 더 빨리 달리듯이 바삐 사는 사람은 점점 더 바빠지게 마련이다.

여유를 찾으려면 일에 대한 욕심을 줄이고, 과감하게 일의 경중에 따라 처리해야 한다.

102 좋은 자극 받기

聽靜夜之鐘聲   고요한 밤에 종소리를 들으니
청 정 야 지 종 성

喚醒夢中之夢   꿈속의 꿈을 불러 깨우고,
환 성 몽 중 지 몽

觀澄潭之月影   맑은 연못의 달그림자를 보니
관 징 담 지 월 영

窺見身外之身   몸 밖의 몸을 엿본다.
규 견 신 외 지 신

사람은 망각을 잘 하는 동물이어서 가끔 자극을 주는 것이 좋다. 자극이 없으면 점점 나태해지고 게을러진다. 그러면서도 그것이 습관화되어 나태와 게으름이 가져다 줄 재난에 대해 무감각하다. 가끔은 열심히 사는 사람들을 만나 자극을 받고 각성을 해야 한다.

　게으름은 사람을 무기력하게 만들고, 부지런함은 사람을 능력 있게 만든다는 것을 기억하고, 자기 자신을 가끔 들여다보는 지혜를 가져야 한다.

 필요 이상의 욕심을 갖지 않기

心無物欲
심 무 물 욕

마음에 물욕이 없으면

卽是秋空霽海
즉 시 추 공 제 해

이는 곧 가을 하늘과 맑은 바다요,

座有琴書
좌 유 금 서

자리에 거문고와 책이 있으면

便成石室丹丘
변 성 석 실 단 구

이는 곧 신선이 사는 곳이다.

사람이 욕심 없이 살 수는 없다. 다만 건전하지 않은 욕심을 가지면 다른 사람에게 피해를 주고 자신도 추해진다. 필요 이상의 욕심을 가진 사람은 늘 마음이 혼란하고 불안하고 초조해진다. 당장이라도 자신의 것을 누가 가져갈까봐 초조해 하다보면 피해의식으로 마음 편하게 살아갈 날이 없다.

반면 자기에게 꼭 필요한 욕심 이상을 버릴 줄 아는 사람은 마음의 여유를 얻어 늘 마음 편히 살 수 있다. 그에게는 주변의 모든 사람이 기쁨의 대상으로 다가오므로 늘 행복하다.

104 항상 배우는 마음의 자세

會得個中趣
회 득 개 중 취

사물에 깃들어 있는 참맛을 깨닫는다면

五湖之煙月盡入寸裡
오 호 지 연 월 진 입 촌 리

천하의 아름다운 경치가 마음속에 모두 들어오고,

破得眼前機
파 득 안 전 기

눈앞에서 일어나는 자연의 작용을 깨닫는다면

千古之英雄盡歸掌握
천 고 지 영 웅 진 귀 장 악

천고의 영웅들도 다 내 손아귀에 들어온다.

우리가 배워야 할 세상의 모든 이치는 자연 속에 깃들어 있다. 그 이치를 깨닫기 시작하면 세상의 모든 사물은 배움의 대상으로 다가온다. 하나하나의 자연 속에 깃들어 있는 참맛을 깨닫는다면 여기저기 돌아다니지 않아도 유명한 명소들이 절로 마음속으로 흘러 들어온다. 또한 눈앞에서 이루어지는 사물을 사물로 보지 않고 세상 이치를 깨닫는 도구로 삼을 수 있다면, 세상 어느 유명한 사람과 비교해도 뒤쳐질 것이 없다.

105 나누며 사는 지혜

石火光中爭長競短 부싯돌의 빛 속에서 길고 짧음을 다툰다 한들
석 화 광 중 쟁 장 경 단

機何光陰 그 세월이 얼마나 길겠으며,
기 하 광 음

蝸牛角上較雌論雄 달팽이의 뿔 위에서 자웅을 겨룬다 한들
와 우 각 상 교 자 론 웅

許大世界 그 세계가 얼마나 크겠는가.
허 대 세 계

우리 인생은 긴 것 같지만 돌아보면 잠깐이라는 것을 느낀다. 아이였던 때가 엊그제 같고, 청년기가 어제 같은데 이미 노년에 접어드는 게 우리 인생이다. 그럼에도 우리는 그 소중한 순간들을 너무 쉽게 보내고 있다. 세상은 달팽이 뿔 위만큼이나 좁다. 사람들이 그 위에서 자웅을 다투어 이긴들 차지하는 땅이 얼마나 크겠는가. 그럼에도 우리는 서로 다투며 많이 갖겠다고 싸운다. 세상 모든 것을 다 가질 것처럼 욕심을 부린다. 돌아가는 순간에 모든 것을 놓아두고 떠날 것을 생각하여 나누며 살아야 한다.

106 사유하는 존재

人肯當下休便當下了
인 긍 당 하 휴 변 당 하 료

若要尋個歇處
약 요 심 개 헐 처

則婚嫁雖完事亦不少
즉 혼 가 수 완 사 역 불 소

僧道雖好心亦不了
승 도 수 호 심 역 불 료

前人云如今休去便休去
전 인 운 여 금 휴 거 변 휴 거

若覓了時無了時見之卓矣
약 멱 료 시 무 료 시 견 지 탁 의

사람이 바로 그 자리에서 쉬면 곧 깨달을 수 있지만

만약 다른 쉴 곳을 찾는다면

아들딸을 결혼시킨 뒤에도 여전히 일이 많은 법이고,

승려와 도사가 좋다고 하나 그래도 마음은 깨닫지 못한다.

옛 사람이 말하기를 "당장 쉬면 쉴 수 있지만

만약 끝날 때를 찾는다면 끝날 때가 없을 것이다."라고 했으니 참으로 탁견이다.

우리 삶의 매 순간은 깨달음의 기회들이다. 그런데 어떤 사람은 매 순간 깨달음을 얻지만 어떤 사람은 평생을 살아도 생각 없이 살아간다. 주어진 모든 순간들을 배움의 순간들로 받아들이는 사람은 언제나 깨달음을 얻어 지혜롭게 살 수 있다. 언제나 좋은 때와 좋은 장소를 찾느라 미루다 보면 할 일은 언제나 생기기 마련이다. 바로 지금 이 자리에서 깨달음을 얻어야 한다.

107 세상을 살리는 마음

都來眼前事知足者仙境　　눈앞에 닥쳐오는 모든 일에 족하면
도 래 안 전 사 지 족 자 선 경　　신선의 경지이나

不知足者凡境　　족한 줄 모르면 범속의 경지이다.
부 지 족 자 범 경

總出世上因　　세상에 나타나는 모든 인연은
총 출 세 상 인

善用者生機不善用者殺機　　잘 쓰면 살리는 작용을 하고,
선 용 자 생 기 불 선 용 자 살 기　　잘못 쓰면 죽이는 작용을 한다.

사람의 욕심은 한이 없으므로 그 욕심을 내려놓지 못하면 언제나 초조함의 연속으로 살 수밖에 없다. 일용할 양식으로 만족하며 사는 사람이라야 세상에 대해 감사할 수 있고, 행복한 마음으로 살 수 있다. 조금만 더 가져야지 하는 욕심은 그것으로 끝나는 것이 아니다. 가진 만큼 점점 더 가지려는 욕심이 그치지 않는다. 욕심을 과감히 내려놓아야만 욕심을 버릴 수 있다. 또 시시각각으로 일어나는 모든 인연은 그것을 잘 이용하면 인간과 만물을 살리는 작용을 하지만, 이것을 악용하면 죽이는 작용을 한다.

내가 마음을 닫으면 내게는 세상이 없는 것이며, 내가 마음을 열면 세상은 내 것이 된다. 그러므로 세상이든 만물이든 살리고 죽이는 일이 내 마음에 달려 있는 것이다.

108 인생의 담백한 맛

爭先的經路窄
쟁 선 적 경 로 착

退後一步自寬平一步
퇴 후 일 보 자 관 평 일 보

濃艶的淡味短
농 염 적 담 미 단

清淡一分自悠長一分
청 담 일 분 자 유 장 일 분

앞을 다투는 길은 좁으나

한 걸음 뒤로 물러나면 자연히
한 걸음만큼 넓어진다.

짙고 아름다운 맛은 짧으나

한 푼만큼 맑고 옅게 하면 한 푼만큼
길어진다.

권력을 지향하는 사람은 세상의 행복이 권력에 있는 것으로 알고, 권력을 얻으려 무진 애를 쏟다. 이 세상은 정상만을 의미 있는 것으로 알기 때문에 거기에 목숨을 거는 이들이 많다. 그러다 보니 그 길은 험난하다. 권력의 길을 벗어나지 않는 한 그는 늘 불행하다. 권력이나 명예의 길엔 유난히 욕심 많은 이들이 많이 가는 길이어서 더욱 험난하다. 그 길에서 내려서지 않는 한 평생 초조한 삶을 살 수밖에 없다.

또한 부귀공명이나 권력은 맛 좋은 고기 같지만 맛있는 음식은 곧 싫증이 난다. 항상 먹어도 싫증나지 않고, 맛이라곤 없는 물과 공기는 평생 마셔도 질리지 않는 법이다.

전진할 때와 물러날 때

進步處便思退步
진 보 처 변 사 퇴 보

庶免觸藩之禍
서 면 촉 번 지 화

著手時先圖放手
착 수 시 선 도 방 수

纔脫騎虎之危
재 탈 기 호 지 위

한 걸음 나아갈 때 문득 한 걸음 물러날 생각을 한다면

양의 뿔이 울타리에 걸리는 화를 당하는 일이 없고,

손을 댈 때에 먼저 손을 뗄 것을 꾀한다면

호랑이 등을 타는 위험한 일은 없을 것이다.

한 걸음 나아갈 때에는 한 걸음 물러날 각오도 염두에 두어야 한다. 그런 마음으로 살면 인생은 살만하다. 복을 받기만을 생각하고, 성공만을 생각하는 사람은 오직 앞으로만 달려가려는 사람이다. 그렇게 물러날 줄 모르는 사람은 뿔이 울타리에 걸려도 무작정 앞으로만 뚫고 나가려는 양과 같아서 꼼짝없이 큰 재앙을 당하고 만다. 또한 일을 시작할 때에는 손을 뗄 생각까지 미리 해둬야 한다. 그렇지 않으면 달리는 호랑이에 탄 사람처럼 꼼짝없이 화를 당하는 신세가 된다.

적당히 멈출 줄 아는 지혜와 전진하는 지혜, 일에 착수할 때와 일을 중단할 때를 구별하는 지혜를 가져야 한다.

110 평상심 유지하기

山林是勝地
산 림 시 승 지

산림은 아름다운 곳이나

一營戀便成市朝
일 영 련 변 성 시 조

인위적인 시설에 집착하면
곧 시장판이 되고,

書畫是雅事
서 화 시 아 사

서화가 고상한 것이지만

一貪癡便成商賈
일 탐 치 변 성 상 고

탐내는 것에 빠지면 곧 장사꾼이 된다.

蓋心無染著欲界是仙都
개 심 무 염 착 욕 계 시 선 도

대개 마음이 물들지 않으면 속세도
신선의 세계이고,

心有係戀樂境成苦海矣
심 유 계 련 낙 경 성 고 해 의

집착하는 마음이 있으면 신선의 세상도
곧 고해가 된다.

장사꾼 정신을 가진 사람은 어디에 가도 모든 것을 장사의 대상으로 보기 쉽다. 봉사를 즐기는 사람은 어디에 가도 봉사할 일을 찾는다. 어떤 사람들이 모여드느냐에 따라 그 장소는 목적이 달라진다. 장소가 사람을 변화시키는 것이 아니라 사람이 장소를 변화시킨다.

세상이 사람을 변하게 하는 것이 아니라 사람들이 세상을 변화시킨다. 어디에 가든 그곳이 선행의 장소, 행복한 장소가 되게 하는 것은 사람에게 달려 있다. 그러므로 좋은 변화를 이끄는 삶을 살아야 한다.

111 세상의 주인

我不希榮
아 불 희 영

何憂乎利祿之香餌
하 우 호 리 록 지 향 이

我不競進
아 불 경 진

何畏乎仕官之危機
하 외 호 사 관 지 위 기

내가 영화를 바라지 않으니

어찌 이익의 달콤한 미끼를 근심할 것이며,

내가 승진을 위해 다투지 않으니

어찌 벼슬의 위기를 두려워할까.

세상에 욕심이 많은 사람은 세상의 노예가 된다. 돈에 지나친 욕심을 가지면 돈의 노예가 되고, 권력에 욕심이 많으면 권력의 시녀로 전락한다. 욕심을 갖는 일은 지배하기 위함이지만 오히려 노예가 되는 것이다.

하지만 권력에 대한 욕심이 없으면 권력에 당당할 수 있고, 재물에 욕심이 없으면 재물 따위에 그다지 집착하지 않는다. 그 무엇에 대한 욕심을 버리는 것이 바로 그것의 주인이 될 수 있는 방법이다.

112 진리를 깨닫는 아름다운 마음

一字不識
일 자 불 식

글자 하나를 모를지라도

而有詩意者得詩家眞趣
이 유 시 의 자 득 시 가 진 취

시에 뜻이 있는 사람은 시인의 참맛을 터득하고,

一偈不參
일 게 불 참

게송 한 구절을 듣지 않아도

而有禪味者悟禪敎玄機
이 유 선 미 자 오 선 교 현 기

선의 맛을 지닌 사람은 선교의 오묘한 이치를 깨닫는다.

시는 글로 읽지만 시를 느끼는 것은 마음이다. 시야말로 마음으로 먹는 그윽한 맛이다. 시는 마음으로 맛을 보려고 해야 한다. 문자를 몰라도 시심이 있으면 시의 맛을 알 수 있다.

꼭 게송을 읊어야만 선(禪)을 이루는 것이 아니다. 선의 맛을 알아야 고귀한 진리를 깨달을 수 있다. 인생의 참맛은 지식에 있는 것이 아니라 마음에 있다.

113 평정심으로 세상 보기

機動的弓影疑爲蛇蝎
기 동 적 궁 영 의 위 사 갈

마음이 흔들리면 활의 그림자도
뱀으로 의심하고,

寢石視爲伏虎
침 석 시 위 복 호

쓰러진 돌도 엎드려 있는 호랑이로 보이니

此中渾是殺氣
차 중 혼 시 살 기

이런 중에는 모든 것에 살기가 있다.

念息的石虎可作海鷗
염 식 적 석 호 가 작 해 구

생각이 가라앉으면 석호 같은 사나운
사람도 갈매기처럼 온순해지고,

蛙聲可當鼓吹
와 성 가 당 고 취

개구리 울음소리도 음악으로 들리니

觸處俱見眞機
촉 처 구 견 진 기

이르는 곳마다 참된 작용을 볼 것이다.

마음이 혼란하면 벽에 걸려 있는 활 그림자도 뱀으로 보일 때가 있다. 또한 말없는 바위도 호랑이로 보여 스스로 놀라기도 한다. 마음이 혼란하면 모든 것이 자기를 해치는 살기가 있는 것으로 보여 자신도 모르게 피해의식을 갖게 되어 그런 것이다.

그러나 마음을 편안하게 하면 몹시 사나운 사람도 갈매기처럼 온순해지고, 시끄럽게 울어 대는 개구리의 울음도 아름다운 음악으로 들린다. 눈에 보이는 것, 귀에 들리는 것마다 생기 있게 보인다. 그러므로 어떤 상황에서도 마음이 평안해질 수 있도록 노력해야 한다.

114 우리의 참모습 찾기

髮落齒疎
발 락 치 소

머리가 빠지고 이가 듬성듬성해지는 것은

任幻形之凋謝
임 환 형 지 조 사

거짓 육신이 늙는 것에 맡기고,

鳥吟花咲
조 음 화 소

새가 노래하고 꽃이 웃는 것에서

識自性之眞如
식 자 성 지 진 여

자연의 본성인 절대적 진리가 있음을 보아야 한다.

눈에 보이는 것은 변하게 마련이다. 산천초목도 때에 따라 변하고, 우리 인간도 알게 모르게 변하고 있다. 우리의 아름다운 청춘도 머지않아 아름다움이란 수식어를 붙일 수 없게 만드는 노년으로 변한다. 우리가 겉모습에 너무 마음을 빼앗기는 것은 불행한 일이다. 겉모습은 변하지만 우리의 사유를 지배하는 힘은 변하지 않음을 알아야 한다. 우리의 본질적인 속성은 변하지 않는 것이다. 형체가 변한다고 슬퍼할 것이 아니라 사유하는 영혼을 가졌음을 기뻐해야 한다.

속세의 명리를 초월하여 보면 자연 속에 영원불변의 참모습이 깃들어 있음을 발견할 수 있다.

자기 중심을 잡고 살기

飽諳世味
포 암 세 미

세상의 맛을 모두 알면

一任覆雨翻雲
일 임 복 우 번 운

비가 되든 뒤집어져 구름이 되든 맡겨두고

總慵開眼
총 용 개 안

눈뜨는 것조차 귀찮아하고,

會盡人情
회 진 인 정

인정을 모두 깨달으면

隨敎呼牛喚馬
수 교 호 우 환 마

소라 부르든 말이라 부르든 그대로 두고

只是點頭
지 시 점 두

다만 머리만 끄덕일 뿐이다.

세상의 이치를 알고 나면 중요한 것과 중요하지 않은 것을 구별하는 지혜가 생기고 마음의 여유가 생긴다. 그런 사람은 무슨 일에든 일희일비하지 않고 중심을 잡고 살 수 있다.

세상의 단맛과 쓴맛을 다 맛보고, 세상 물정을 모두 깨달은 사람은 쉽게 변하는 인정에는 관심조차 없다. 또 사람을 많이 겪어 세상의 인심을 알고 있는 사람은 남이 칭찬하든 헐뜯든 개의치 않는다. 이런 저런 비난을 한다 해도 그대로 상관하지 않는 여유를 갖는다.

116 유유자적하는 사람

風花之瀟洒
풍 화 지 소 쇄

바람과 꽃의 산뜻함과

雪月之空清
설 월 지 공 청

눈과 달의 맑음은

唯靜者爲之主
유 정 자 위 지 주

오로지 고요한 사람만이 그 주인이 되고,

水木之榮枯
수 목 지 영 고

물과 나무가 성하고 시드는 것과

竹石之消長
죽 석 지 소 장

대나무와 돌의 성하고 소멸함은

獨閒者操其權
독 한 자 조 기 권

오로지 한가로운 사람만이 그 권한을 갖는다.

뭔가를 가지려는 사람은 진정으로 그것을 갖는 것이 아니다. 다만 욕심에 불과하다. 뭔가를 느끼는 사람이 진정으로 그것을 소유할 수 있다. 가지려는 것은 물욕이요, 느끼는 것은 추억이며 사랑이다. 물욕은 실제로 품에 안으려 하기 때문에 가지기 어렵고, 느낌이란 마음에 간직하려는 것이어서 생각만으로 얼마든지 가질 수 있다. 명리를 좇는 무리들은 자연을 느끼지 못하고, 오직 고요히 사는 사람만이 자연의 주인이 된다. 물가의 나무와 바위 옆의 대나무가 여름엔 무성하고 겨울이면 시들어 천지의 적막함을 더하여 인생의 영고성쇠를 보여주지만, 세속에 쫓기는 무리들은 그 정경을 볼 줄 모르고 오직 한가히 여유로운 사람만이 그 정경을 소유할 수 있다.

117 자연을 닮는 사람의 마음

當雪夜月天 눈 내린 밤에 달이 밝은 하늘을 보면
당 설 야 월 천

心境便爾澄徹 마음도 문득 그처럼 맑게 통하고,
심 경 변 이 징 철

遇春風和氣 봄바람의 온화한 기운을 만나면
우 춘 풍 화 기

意界亦自冲融 마음 또한 저절로 부드러워지니
의 계 역 자 충 융

造化人心 이처럼 천지와 사람의 변화는
조 화 인 심

混合無間 함께 어울려 빈틈이 전혀 없다.
혼 합 무 간

아무리 무감각한 사람도 자연을 대하면 마음에 울림을 느낀다. 자연의 멋진 풍경을 보면 자신도 모르게 마음이 움직이는 것이다. 흰 눈이 세상을 뒤덮은 밤에 달빛이 환히 비치면 사람의 마음도 한 점 티끌 없이 맑아진다. 또한 따뜻한 바람이 만물을 소생시키는 봄이 되면 사람의 마음도 온화해진다. 이처럼 천지자연과 사람의 마음은 한데 어울려 있어 거기에는 조금의 빈틈도 전혀 없는 것이다.

118 자연을 찾는 마음

登高使人心曠
등 고 사 인 심 광

臨流使人意遠
임 류 사 인 의 원

讀書於雨雪之夜
독 서 어 우 설 지 야

使人神淸
사 인 신 청

舒嘯於丘阜之巓
서 소 어 구 부 지 전

使人興邁
사 인 흥 매

높은 곳에 오르면 마음이 넓어지고

맑은 시냇물을 내려다보면 세속에서 마음이 떠나며,

눈비 내리는 밤에 책을 읽으면

정신이 맑아지고,

언덕에 올라 조용히 시구를 읊으면

흥취가 높아진다.

높은 곳에서 저 멀리 아래를 내려다보면 마음은 저절로 넓어진다. 또한 시냇가에 서서 멀리 흐르는 물을 바라보면 저절로 원대한 꿈을 갖게 된다.

　비가 오거나 눈이 내리는 밤에 등불을 켜고 홀로 앉아 책을 읽으면 정신이 절로 맑아진다. 책을 가까이 하는 것은 정신의 산에 오르는 일과 같다. 또한 언덕에 올라 시구를 읊조리면 저절로 고상한 감흥이 생긴다. 이처럼 사람의 마음은 자연에 따라 움직이니 자연은 우리의 인격을 수양시키는 장이라 할 수 있다.

119 절제하는 마음

花看半開酒飲微醉
화 간 반 개 주 음 미 취

此中大有佳趣
차 중 대 유 가 취

若至爛熳酕醄
약 지 란 만 모 도

便成惡境矣
변 성 악 경 의

履盈滿者宜思之
이 영 만 자 의 사 지

꽃은 반만 피었을 때 보고 술은
조금만 취하도록 마시면

그 가운데 큰 아름다움을 맛볼 수 있고,

꽃이 만개하고 술에 잔뜩 취하면

곧 추악한 상태에 이르니

가득 차 있는 사람은 마땅히 이것을
생각해야 한다.

꽃은 활짝 피면 금방 시들 때가 된 것으로 반쯤 피었을 때가 더 아름답다. 또한 술은 거나하게 취해서 다른 사람의 눈살을 찌푸리게 하기보다는 다른 사람과 얘기할 때 윤활유가 될 정도로 조금만 마시는 것이 몸과 마음에 좋다.

이것은 꽃과 술만 그런 것이 아니다. 세상일이란 다 가졌을 때에 조심해야 하고, 목표한 바를 이뤘을 때 무너지지 않도록 더 조심해야 한다. 이런 이치를 깨닫는다면 실패하는 일은 없을 것이다.

120 마음 다스리기

天運之寒暑易避
천 운 지 한 서 이 피

천지의 운행에 따르는 추위와 더위는
피하기 쉽지만

人世之炎凉難除
인 세 지 염 량 난 제

세상의 인정의 뜨거움과 차가움은
제거하기 어렵고,

人世之炎凉易除
인 세 이 염 량 이 제

인간 세상의 뜨거움과 차가움은
제거하기 쉬워도

吾心之氷炭難去
오 심 지 빙 탄 난 거

내 마음의 찬 것과 뜨거운 것은
제거하기 어렵다.

去得此中之氷炭
거 득 차 중 지 빙 탄

내 마음의 찬 것과 뜨거운 것을
제거할 수 있다면

則滿腔皆和氣
즉 만 강 개 화 기

가슴에 따뜻한 기운이 가득해서

自隨地有春風矣
자 수 지 유 춘 풍 의

가는 곳마다 저절로 봄바람이 불어오리라.

천지의 운행에 따라 생기는 여름의 더위와 겨울의 추위는 피하기가 수월하다. 더우면 시원한 곳에서 쉬고, 추우면 옷을 더 입으면 된다. 하지만 세상의 인정이 뜨겁다가 식는 변덕은 피할 방법이 없다. 그래도 세상 인정의 변덕은 참기가 그리 어렵지 않다.

가장 제어하기 어려운 것은 자기 마음의 변덕이다. 만일 자기 마음의 이런 변화를 제거할 수만 있다면 어떤 처지에 있을지라도 봄바람을 맞는 것처럼 따뜻한 마음을 갖게 될 것이다.

세상에서 가장 힘든 싸움은 자기와의 싸움으로, 가장 이기기 힘든 상대는 바로 자신이다. 따라서 자신을 이기면 세상 그 무엇도 두려울 것이 없다. 세상에서의 성공과 실패는 자신과의 싸움에 달려 있다는 것을 알아야 한다.

지혜로운 삶의 교훈
한용운 채근담 2

초판 1쇄 인쇄 2011년 4월 20일
초판 1쇄 발행 2011년 4월 25일

풀어쓴이 이병두
펴낸이   이규만

편 집   임동민
디자인   김형조

펴낸곳   참글세상
등록일자 2009년 3월 11일
등록번호 제300-2009-24호
주소   (우)110-320 서울 종로구 낙원동 58-1 종로오피스텔 1020호
전화   (02)730-2500
팩스   (02)723-5961

ISBN 978-89-94781-01-3 03220

※ 잘못된 책은 바꿔 드립니다.
※ 값은 책 뒷면에 있습니다.